フードサービスの教科書

茂木信太郎［著］

創 成 社

はじめに

「あるようでなかった」本ではないかと思います。

レストランビジネスは、現代社会に欠かすことのできないインフラストラクチャー（社会の基盤、基礎構造）であると認識しております。

マスコミでも日々フードサービス業界をめぐる話題に明け暮れております。俗な言い方ですが、カラスの鳴かない日があっても業界のブランドや企業や料理の紹介などが取り上げられない日はありません。街の書店をのぞけばレストラン、カフェ開業の手引き本やらご当地レストラン案内本が多数平積みされております。また産学官連携を標榜する専門学会（日本フードサービス学会）などもあり、多方面からの専門的議論の蓄積もあるはずです。

このように一般消費者、フードサービス業界の動向に関心を寄せる人、同業界に実際に関与している人など、実に多くの方々がおられるにもかかわらず、筆者の素朴な疑問としては、フードサービス事業の基本単位であるレストラン店舗の運営原理を提示した書籍は見当たらないのではないかと思いました。

本書の冒頭に「家庭料理」と「レストラン料理」（「外食料理」）の概念的な違いを述べて

おります。レストランビジネスを構想するうえで最も基本的な確認事項と思いますが、これも本書で初めて指摘するところではないでしょうか。

筆者はもうだいぶ以前のこととなりますが、『外食産業テキストブック』(日経BP社)、『現代の外食産業』(日本経済新聞社)、『フードサービス10の戦略』(商業界)といった書籍を執筆あるいは編集して世に送り出しております。これらにおいては、外食産業界の全体像、歴史、統計的分析、チェーンレストランの理論と実際、などを叙述しております。またフードサービス企業の戦略的課題や社会課題なども取り上げております。これらはいずれも版を重ねておりますので、それなりに多くの方々の関心に届いたものではないかとも思っております。

しかしながら、これらの著作は、フードサービスビジネスの基本単位である店舗運営の基本原理を説いたものではありませんでした。そこで、あらためてレストラン店舗運営の基本原理を体系的に述べてみようと思ったのです。

たとえば「人体」論というと、どのようなことを思い浮かべますか。身長とか体重、肌の色とか容姿など外形的スペックを思い浮かべることもあるでしょう。あるいは、肺活量や心拍数、100メートルの走力など身体機能について思い浮かべる人もいるでしょう。これにたいして、骨や関節や筋肉、はたまた細胞の構造などを思い浮かべる人もいると思います。

やや大雑把な言い方になりますが、外食産業を対象とした筆者の上記のこれまでの著作は、いわばその外形の全体像（外形的スペック）、企業の動向（機能的スペック）を主に観察してきたものだという言い方になりましょうか。

だとすると本書は、その構造と原理（造語ですが、構造的スペックとでも名付けましょうか）を解き明かしたいとするものです。本書のタイトルを「フードサービスの教科書」とさせていただいたのは、このような意味においてです。

このまえがきからして堅苦しくなりましたが、本書は随所にレストラン業界の事例や話題やトリビアを盛り付けてありますので、そうしたところを拾い読みしていただいても面白いのではないかと思っています。ただ、感涙を刺激するような感動話はありませんが。

それから、事例などもそうですが、フードサービス業界の実相は千差万別で、個性的なお店の集合体です。したがって、1つの具体的な事例や理論がどの店にも当てはまるというわけではありません。本質、店舗運営の構造と原理を解き明かすうえでの比喩であると理解いただきたいと思います。

本書が、フードサービス業界に関心を寄せる方々に、業界のあり方を論じたりその姿かたちを構想したりしていただくときのスケールづくりに役立つところがあることを願っております。

目次

第6章

「店長」とはどのような人か …… 139

序　章

本書の構成と範囲

具体的な事例を語る

「フードサービスの教科書」というと、すでに類書が数多く出版されているのではないかと思われるのではないでしょうか？　もっともな疑問と思いますが、筆者は、本書はこれまでの類書にはない、まったく新しい観点から異なった内容の「教科書」を執筆したと思っております。

とはいえ、あまり堅苦しくなって読書意欲を削いでもいけませんので、具体的でわかりやすい事例をふんだんに盛り込もうと思っています。

そうはいいましても、前例のないような議論が多く述べられることとなると思いますので、本書を読み進める前に、本書の構成についてあらかじめ紹介して、そのそれぞれの記述において、どうしてそのようなことが取り上げられているのかということを説明しておいた方が、全体を理解していただく上でわかりやすいのではないかと思いました。

そこでこの序章では、本書がこれから述べようとしていることの議論の枠組みとその背景にある考え方を述べておきたいと思います。

人によりましては、そうした前置きはどうでもよいので早く本論に進みたいと思っておられるかもしれません。そうした方は、この序章を飛ばして第1章に進まれてもまったく構いません。ただ、途中でどうしてこのようなことが議論として取り上げられているのかということが気になりだしたら、改めてここでの記述を確かめていただければよいかと思います。

「料理」の3要素、「外食料理」と「家庭料理」の違い

では、はじめに本書での第1章から第7章までの論述の構成を簡単に見ておきます。

第1章では、フードサービス業の中心商品である「料理」について取り上げます。第1節では「料理」とは何かという議論を、第2節ではレストランで提供される「料理」すなわち「外食料理」とご家庭で製作される「家庭料理」とは、本質的に何が違うのかということを説明します。

第1節では、「料理」そのものが何でできているのかということの原理を説きます。フードサービス業では、顧客に提供する商品はなんといってもまずは「料理」です。ここでは「料理」が「料理」としてできあがるためにはどのような要素が必要なのかという原理原則を確認します。筆者は、それを「料理」を構成する3要素と名付けております。その3つの要素について説明をします。

第2節では、「外食料理」と「家庭料理」とは別物であるということを説明します。「料理」そのものをモノとしてみた時には、同じ材料を使って同じ仕様書（レシピ）で同じ作り方で製作すれば同じものができるはずです。しかしながら、そうである場合にもレス

トランで提供される「料理」と家庭で食べている「料理」とは、本質的に違うものなのです。

筆者は、学生を相手に講義の初手でしばしばこの「外食料理」と「家庭料理」との違いを問うのですが、しばらくは答えが返ってきません。また、実際の外食企業の幹部の方々にも聞いてみたりすることがあるのですが、学生と同様に意表を突かれたかの様子で答えが返ってきません。その後に、筆者から解答を述べますと、一様に納得していただけます。「外食料理」と「家庭料理」とは、本質的に違うのです。皆さんも第2節を読み進める前に、解いてみますか。ぜひ仮説をもって臨まれるとよいでしょうね。

「外食商品」の3要素と「繁盛する店」の3要件

第2章では、「良い店」と「繁盛する店」を定義します。

第1節では、「良い店」についての定義を述べます。フードサービス業が消費者に提供する商品の中核に「料理」があることは自明のことですが、そうかといって「料理」だけが提供商品のすべてではありません。従業スタッフによる顧客への「接客サービス」やお客様が「料理」を召し上がるときの雰囲気、そしてその「雰囲気」を用意する店舗の内装なども提供商品の一部です。

小売業でしたら「料理」というモノが商品のすべてであるということになりますが、フードサービス業ではそういうわけにはいきません。お客様はその「料理」を召し上がるという体験行為を求めてレストランにお見えになります。フードサービス業で顧客に提供している商品はモノではなく、お客様が「料理」を召し上がる体験価値なのです。ということで、この章では、改めてそうした「体験価値」を担保する「良い店」とはどのような店であるのかということを指摘します。

そのうえで第2節では、「良い店」と「繁盛する店」の違いについて指摘します。「良い店」とは顧客から見て「良い店」のことです。「良い店」の具体像は第1節を読んでいただくこととして、抽象的にいえば「また行きたくなる店」のことですね。ところがこの顧客から見て「良い店」は、必ずしも経営的な観点で「良い店」であるとは限りません。店舗経営の立場からは、「繁盛する店」すなわち顧客が継続して来店する店でなければならないのです。「良い店」とは「繁盛する店」の必要条件ではあるけれども十分条件ではないということです。という次第で、ここでは「繁盛する店」の十分条件について考えてみます。

以上で、フードサービス業を論じていく際に必要な基本概念について一通りの確認作業を終えます。

確認しますと、第1章第1節では「料理」を構成する3要素を指摘します。第2節では

「外食料理」と「家庭料理」の本質的な3つの相違を解説します。

第2章第1節ではレストラン店舗での「良い店」の3要件を述べます。第2節では「繁盛する店」の3条件を確認します。

どの章も3つのキーワードが説明されますので、都合12のキーワードが登場します。フードサービスを論じるときに使用していただきたいキーワードです。

「厨房部」「客席部」「支援部」

第3章からは、店舗運営の構造の原理を説いていきます。

店舗運営は、「厨房部」「客席部」「支援部」「店長」という4つの構成要素から成り立っています。これら4つが有機的に組み合わされ、それぞれに連携してはじめてレストラン店舗の運営が実現します。

以下では、第3章では「厨房部」にどのような役割が担当されていて、そのためにはどのような機能が分担されているのかについて説明します。

第4章第1節では「客席部」での役割と機能について述べます。「厨房部」と「客席部」の連携の重要性も確認します。

これを受けて第2節で「客席部」スタッフに求められる能力について考察します。

本書の第2章第1節で「外食商品」の3要素について説明しておりますが、この具体的な価値が作られる場が「厨房部」（第3章）と「客席部」（第4章）であり、かつ両者の連携であることを確認していただけることと思います。

一般にレストラン店舗には、スタッフが的確に顧客対応にいそしむためのマニュアルやハウスルールといったものが用意されております。ここでは、これらのマニュアルやハウスルールなどが定める諸事項が、どうしてそのようにされているのかという根拠や背景を説明することになります。マニュアルやハウスルールなどを改訂しようかというときに照合して欲しいことが述べられているといえます。

第5章は「支援部」の役割と機能についての説明です。「支援部」という存在については、フードサービス業界に関心のある人たちでもこれまで等閑視されてきた向きがあると思います。しかしながら、「支援部」の役割を欠いては店舗運営が成り立ちません。

これまで、なぜこの「支援部」について等閑視されてきたかというと、ここの役割と機能の多くが「店長」業務に埋め込まれてきたからではないかというのが筆者の推測です。その帰趨として、「店長」の本来あるべき業務が果たされずに放置され、そのことが「店長」のあるべき社会的地位を貶めることになっているのではないかと思うのですが、このことの説明は次からの「店長」論も踏まえて述べていくこととなります。

「店長」というお仕事

第6章は、「店長」論です。第1節から第9節まであります。第1節は、「店長」という機構の使命（ミッション）を説明し、第2節から第9節までは、「店長」の具体的な業務分野を1項目ずつ挙げて解説しております。「店長」という職位の説明は多岐にわたりそして重要ですので、各節に分けて説明することとしました。「店長」は、訳せばゼネラル・マネージャーです。「店長」という機構は、〝店長〟という人格に担われます。「店長」は、「厨房部」「客席部」「支援部」を束ねて全体を統率しますが、それは「店長」職がそうした役割を任されているからです。そして、「店長」職は、その店舗を代表する存在として数多くの担われるべき役割と任務があります。第6章では、こうした「店長」の独自な役割と機能とをつまびらかにしてみたいと思います。

経営判断の選択肢

本書の最終章第7章は、実務的に執行されるレストラン店舗の運営とは、相対的に別個な経営判断の問題を整理しておきます。順調に店舗運営を継続した場合には、その先に経営上の岐路が浮上します。あるいはもしかしたら顧客の来店が次第と不調となる場合にも、経営上の岐路が待ち構えています。

わかりやすく言いますと、経営の次のステップとして、一層の拡大を目指そうとするのか、現状維持を旨とするのか、それとも縮小することがやむを得ない状態なのか、とにかく経営判断が求められる事態となります。この章では、その時のありうべき選択肢を整理しておきます。

レストラン店舗運営の基本原理

以上で、本書の全7章の構成とその概要をかいつまんで述べてみました。

次に、本書「はじめに」でも書いておりますが、類書と区別される本書の特徴を述べておきます。

本書は、フードサービスビジネスの基礎単位であるレストラン店舗運営の基本原理を体系的に説くことを意図したものです。

外食産業界あるいはフードサービス業界全体を生い茂った森のようだとたとえますと、そこに生えている木々や草花の1本1本がレストラン店舗だということになります。

外食産業界あるいはフードサービス業界全体を論じるということは、森林の在りようを議論するということにたとえられます。木々の1つ1つがどのように成長するのか、生育条件としてどのようなことが求められるかという議論があったとします。日光をどのように取り込むか、水はどのように与えられるか、どのような土が生育環境として望ましいかなどといった議論です。これは、いわばレストラン店舗運営の実務論と位置付けられましょう。

これらに対して、本書では、木々の生育に日光が必要なのはなぜなのか、水が必要とされるのはなぜなのか、土はどのような役割を果たしているのか、などといった生命現象の原理を扱うこととなります。

したがいまして、従前の書は、外食産業界あるいはフードサービス業界全体を論じるに留まったもの、およびレストラン店舗運営の実務論という性格のものであることに対して、本書はレストラン店舗運営の基本原理を体系的に説こうとしたものだという特徴があります。

チェーンレストランという存在

大事なことを確認しておきます。

これまで外食産業を巡る話題には、チェーンレストランが主役になることがほとんどです。実際、外食産業という言葉も、チェーンレストランの登場によって生み出された日本語です。

チェーンレストラン、チェーン店と対になる用語は個店経営店です。チェーンレストランは、同じブランド（店名）の多数の店舗を束ねて、統一的なイメージを共有しながら店舗を運営するという仕組みのことです。これに対して、個店経営店は、レストラン店舗1つ1つが独立したブランドであって、独立した経営意思に基づいて運営される店のことです。オーナーシェフの店といわれる店も、パパママストアといわれる店も、押し並べて個店経営店のことです。

本書が論述の対象としているのは、この個店経営店のことであって、チェーンレストランのことではありません。チェーンレストランと個店経営店とでは、経営の考え方もその手法も異なります。いわゆるビジネスモデルが違うという言い方をします。両者は一緒くたにして論じるわけにはまいりません。それぞれに別の考察が求められます。チェーンレストランについては、これまでも幾多の紹介本が出版されていることもあり、本書では、比較や比喩の事例で触れることもあったりしますが、基本的には立ち入ることはありません。この点をはじめに了解していただきたいと思います。

〝チップ〟の扱い

もう1つ、大切なことを確認しておきます。〝チップ〟についてです。本書では、わが国の実情に即して〝チップ〟をめぐる話題は、捨象しております。

現在のわが国のフードサービス界では、〝チップ〟は例外的な扱いといってよいでしょう。これの議論は、面白く、示唆に富むことが満載なのですが、うっかり踏み込むといたずらに考察を混乱させますので、とりあえずは触れないでおきます。

また、わが国でも一部のレストランでは、メニュー価格とは別にいわゆる「サービス料」を設けているところがありますが、この「サービス料」に関する議論も、同様の理由で触れないこととします。

「フードサービス」という単語

この序章の最後に、用語の確認をしておきます。

本書では、〝外食産業〟といったり〝フードサービス〟といったりしますが、この両ワードに深刻な区別はありません。同義で使用していると受け止めてくださって結構です。また、〝外食店舗〟と〝レストラン店舗〟さらには〝飲食店〟という言い方も同様です。まあ、あまり気にしないでください。要は、意味が通じて話がわかればよいのですから。

多少ニュアンス的なことに触れておきます。

「フードサービス」は、1つの単語として使用します。もともと「フード」と「サービス」という言葉が合体したものではありますが、合体しておりますので「フード」と「サービス」とを切り離してはいけません。切り離した場合にはそれぞれに独自の別の単語という

<table>
<tr><td colspan="3">外　食　料　理（第1章）</td></tr>
<tr><td>再現性</td><td>時間性</td><td>経済性</td></tr>
<tr><td colspan="3">家　庭　料　理（第1章）</td></tr>
</table>

<table>
<tr><td colspan="7">「繁盛する店」の三要件（第２章第２節）</td></tr>
<tr><td colspan="5">「良い店」の三条件（第２章第１節）</td><td rowspan="4">立地力</td><td rowspan="4">情報発信力</td></tr>
<tr><td colspan="3">「料理」の三要素(第１章第１節)</td><td rowspan="2">サービス</td><td rowspan="2">雰囲気</td></tr>
<tr><td>食材</td><td>厨房機器</td><td>調理労働</td></tr>
</table>

<table>
<tr><td colspan="3">店長（第６章）</td></tr>
<tr><td>厨房部
（第３章）</td><td>客席部
（第４章）</td><td>支援部
（第５章）</td></tr>
</table>

（第７章）

<table>
<tr><td colspan="3">拡大再生産</td><td rowspan="2">単純再生産</td><td colspan="3">縮小再生産</td></tr>
<tr><td>増床・増築</td><td>移転</td><td>複店化</td><td>業態転換</td><td>営業条件の縮減</td><td>営業権の売却</td></tr>
</table>

ことになります。「フード」というと「食品」ですのでモノです。消費者に「食品」というモノを提供する事業は小売業です。スーパーマーケットで販売されている〝惣菜〟や、コンビニエンスストアで販売されている弁当、おにぎり、サンドイッチなどの「中食」商品を販売する事業＝ビジネスは小売業と位置付けられます。これらは、本書の議論の対象外となります。

お待たせしました。では第1章へとページを進めてください。

第 1 章
「料理」の方程式と「外食料理」

第1節　「料理」の方程式

「料理」の方程式とは

外食店舗では、お客様にお料理を提供します。

お料理の良し悪し、出来栄えこそ、顧客にとっても経営サイドにとってもフードサービス業の最も中心的な関心事です。ではその良し悪し、出来栄えは何によって決まるのでしょうか。

この問いに答えるためには、料理がどのようにしてできあがるのか、あるいは何からできあがっているのかということを理解することが求められます。筆者はこの問いへの解を「料理の方程式」と名付けております。

「料理」は、「食材」と「厨房機器」と「調理労働」の組み合わせで決まります。「料理」とは「食材」と「厨房機器」と「調理労働」の合体物であるともいいます。あるいは、「料理」を構成する3つの要素は「食材」と「厨房機器」と「調理労働」であるともいいます。

これら3つの要素が単純に並列的に並べば「料理」ができるわけではなく、3つの要素が相互に物理的化学的に結合して「料理」になりますので、数式の要領で記述しますと次のようになります。「料理」という未知数を満たす条件が、足し算ではなく、掛け算になっております。

「料理」＝「食材」×「厨房機器」×「調理労働」

この式を見て、当たり前と思われるかもしれませんが、存外そうした認識は一般化していないようです。私が説明しますと、大方は「なるほど！」とか「はじめてわかった」とかのリアクションがあります。

あらかじめ決まっている「料理」イメージが3要素を決めていく

とはいえ、この料理の3要素説には、いささかの解説が必要です。

3つの点を確認しておきましょう。

第1は、完成されるべき「料理」が目的であるということです。「食材」と「厨房機器」と「調理労働」は、この目的にかなうように取捨選択されなくてはなりません。

わかりやすくいいますと、「中華料理」ならば、中華料理用の「食材」と中華料理用の「厨房機器」と中華料理用の「調理労働」とが選別されて動員されなければなりません。「和食料理」ならば、和食料理用のそれらが必要となります。これらは、代替関係にありません。中華料理用食材は、中華料理専用です。和食料理には使用できません。同じように、中華料理用厨房機器は、中華料理専用です。はやい話が、中華包丁と和包丁とでは、代替関係がありません。

「料理」はシステム（体系、系統）として存在します。完成されるべき「料理」に従って、「食材」と「厨房機器」と「調理労働」はシステム（組織、制度）として整えられなければならないということです。

この点は、「家庭料理」を想像すると、大きな落とし穴に陥ることになります。比較的安易に「料理」目的を設定することのできる「家庭料理」と、プロフェッショナルな厳格さが求められる「外食料理」目的との違いを強く確認しておかなければなりません（「家庭料理」と「外食料理」の違いの本質については、次の節で詳しく述べます）。

要素間の代替関係

第2は、「食材」と「厨房機器」と「調理労働」という要素間のある程度の代替関係の存在です。

わかりやすい例はいくらでもあります。たとえば、不揃いの「食材」は、機械（「厨房機器」）で均等に揃えたり、人手（「調理労働」）で切り揃えたりして整えることができます。はじめから選別された「食材」を仕入れれば、このような作業は不要となります。

こうした「料理」の構成要素間の代替関係を最大限効果的に追求してきたのはチェーンレストランです。というよりも、そもそもチェーンレストランこそ、店舗現場での「調理労働」負担力を弱めて、その分をあらかじめ整えられた「食材」の仕入力と「厨房機器」能力の向上に邁進してきたがゆえに、今日の発展があったということができるでしょう。簡単に想起するならば、ご飯の盛り付けやスシの握りという操作「労働」は、いまや多くの外食チェーンで、自動飯盛り機やスシロボットが担っている様はどこでも見られる事柄でしょう。これらは「調理労働」が「厨房機器」に置き換わっている事例です（コラムp.26）。

「品質・性能・能力」の水準揃え

第3は、「食材」と「厨房機器」と「調理労働」の各要素においても、それぞれに「品質・性能・能力」の違いがあるということです。つまり規格や数さえ揃えば、必要条件が満たされるというわけではないのです。

「品質・性能・能力」の上位クラスのものは、いうまでもなく調達価格が高額になります。「品質・性能・能力」が下位クラスになれば、相対的に調達価格は低額で済みます。前者では「料理」の目的設定がいわゆる「高級料理」となります。後者での「料理」の目的設定は「大衆料理」ということになります。どのクラスで整えるかということは、経営判断事項です。完成されるべき「料理」の目的を設定するのは、経営の最大問題です。

いうまでもなく、上位クラスで整えられた外食店は、顧客の平均支払い単価が高単価の店となります。下位クラスでは、低単価の店です。

ところで、ここでの問題は、本章の冒頭の方程式をもう一度確認していただくことにあります。方程式では、「料理」を構成する「食材」と「厨房機器」と「調理労働」という3つの要素が掛け算になっているということです。掛け算ということは、どこか1カ所でも、凹みがあった場合には、掛け算の全体の積である「料理」の出来栄えそのものが大きく凹んで、出来損ないとなってしまうということですね。

つまり、目的たる「料理」を実現するためには、どのクラスにおいても「食材」と「厨房機器」と「調理労働」の各要素は、ある一定の「品質・性能・能力」で揃えられていなければならないというわけです。「料理」すなわち掛け算は、どこか1カ所でも手を抜いてはならないということなのです。

いつも不安定な「料理」構成要素をどのように安定させるのか

もう一度確認します。

「料理」＝「食材」×「厨房機器」×「調理労働」

この方程式は、フードサービスマネジメントの出発点です。ここから基本がはじまります。繰り返しますが、「料理」を構成する「食材」と「厨房機器」と「調理労働」という3つの要素は掛け算です。

そして、「料理」という目的はいつも変わらずに一定ですが、「食材」と「厨房機器」と「調理労働」は、日々動揺しています。つまり、「料理」目的の水準が定まっているにもかかわらず、日々不安定な「食材」と「厨房機器」と「調理労働」の各要素を常に安定させておけるかどうかということが、その「料理」の出来栄えにとって決定的に重大な条件となります。フードサービスの現場での苦労、腐心すべきところはここにあります。

「食材」と「厨房機器」と「調理労働」を実際にどのように安定化させせようとしているのかという手段や手法を、チェーンレストランでの事例も含めて紹介してみます。

セントラルキッチンは「食材」の安定に寄与

はじめに「食材」の安定化ということへの取り組みですが、これにはチェーンレストランの手法がわかりやすいと思います。チェーンレストランで確立した手法にセントラルキッチンあるいは本部集中購買という手法があります。これは、品質管理をはじめとする食材調達に関する業務そのものを店舗現場からなくして、チェーンの本部機構に移譲するという手法です。この食材調達の専門部署を設けるという手法は、「食材」の品質を安定させるということに鑑みて合理的な手法です。

「調理労働」の安定

次に「調理労働」という要素を見てみます。

高級なレストランでは、厨房部にアルバイトはおりません。ちなみに客席部にもアルバイトがおりません。接客係は、じつは顧客への「料理」提供を実施する「料理」の最終完成の担い手であり（これについては、後の「客席部」の章で詳述します）、プロフェッショナルな専門知を有するスタッフに担われるべきところだからです。それはともかくとして、「調理労働」に従業する人たちについては、しばしば日々のコンディションの維持については口やかましく問われております。その人の気持ちに不安や高揚などが常ならぬ水準であったりしますと「調理労働」中の微妙な、それこそさじ加減が誤ってしまうことはよく見聞きするところです。心理面を含めて、人そのもののコンディションを一定に維持することはとても難しいことですね。という次第で、「調理労働」の担い手、すなわち人そのものは決して安定要素とはいえないのです。

他方、チェーンレストランでは、厨房部を含め多数のパート・アルバイトに依存することにより店舗運営が行われております。頻繁に出退店を繰り返し、かつ不定期・不定時間のパート・アルバイトが厨房部の実際の戦力の少なくない部分を占めているということは、その店の全体としての「調理労働」能力がきわめて不安定な状態にあるということになります。もちろん、チェーンレストランではこのことに気付いており、ＯＪＴを中心に相当の教育訓練に力を注いできておりました。

チェーンレストランの「厨房機器」

しかしながら、チェーンレストランのより本質的なビジネスモデルは、「厨房機器」と「調理労働」との代替関係の法則を捉えて、「料理」製造過程において相対的に「厨房機器」能力への依存度合いを増やし、「調理労働」能力への依存度合いを極力減らすというものです。一言でいえば、「調理労働」能力をより単純な作業の集積として仕上げようという方向を追求してきたといえるでしょう。実際、「料理」製造過程における機械化の促進、「厨房機器」の改善進化の歴史こそ、チェーンレストラン発展の根拠でありました。

20世紀後半の時代にマクドナルドがチェーンレストランの雄たりえたのも、このようなビジネスモデルの先進的かつ忠実な体現者であったからでしょう。マクドナルドは率先して多数の新型「厨房機器」を開発してきました。そしてマクドナルドは、業界で共有する優れた標語を創案して普及させました。皆さんよくご存知の「QSC+V」です。「Q」はクオリティ、品質のこと、「S」はサービス、そして「V」はバリュー、価値ですね。

「クリーン」ではなく「クリンリネス」

ではここで挙げられた「C」とは何でしょうか。筆者は大学の講義でもしばしば受講生に問いかけます。そうしますと、ほとんどの受講生は「クリーンの頭文字の〝C〟だ」という答えが返ってきます。私はそれを誤答だといって「クリーン」ではなく「クリンリネス」と訂正します。清潔な状態ではなく「磨き上げられた清潔さ」といい換えております。

機械は日々損耗します。まして調理に使用するものは、油脂や蛋白の付着や目には見えない汚れなどで、容易に元に戻せません。摩耗や部分欠損も頻繁にあります。繁盛店であればあるほど、そうした減耗は避けて通れません。ですから、1日稼働してその能力を減耗させせてしまった「厨房機器」能力そのものを、全力を挙げて開店前の状態にまで回復させておくこと（すまわち「C」＝「クリンリネス」）が、顧客に「料理」を安定的に提供するためのチェーン店運営の絶対的な条件であるのです。

かつてマクドナルドは営業時間の閉店後に、毎日店舗清掃部隊が深夜から明け方にかけて、客席部のみならず、厨房部の「クリンリネス」を徹底し、場合によると「厨房機器」の部品交換まで手がけて従前の能力を確保した上で、早朝に店舗入りするスタッフに店舗の鍵を受け渡すということを実践していました。チェーンレストラン運営の本質を理解して面目躍如というべきでしょうか。

以上のような具体例で、目的たる「料理」を日々作成し続けるということは、本質的にかなりの難しさが伴うことだということがわかりましたでしょうか。一日、一瞬たりとも手を抜けない仕事の現場、それがフードサービスビジネスだということです。

コラム　ありそうでなかった吉野家の「飯盛りロボット」

2014年から、吉野家で丼飯をよそう「飯盛りロボット」が導入され始めています。じつは丼飯のご飯はなかなかに難しいのです。まず食材たる米ですが、これはある一定の粒を揃えます。粒の揃った米を炊き上げると、米粒同士の隙間が均等になり、汁かけご飯には、汁の通りの良い盛り付けが可能となるからです。

精米、炊き上げでご飯の粒を揃えるためには、米の収穫段階で、一定サイズの米だけを取り出す作業からはじまります。篩の目が絞られていて粗くないのです。その分弾かれる米が増えますから、農家は嫌がるでしょう。だから、粒の揃った米は高く買わなければなりません。で、飯盛りロボットですが、この汁の通りの良い盛り付けができなければ導入するわけにはいきません。できたんですねぇ～。人が練習に練習を重ねて丼にご飯をふっくら柔らかく正確量に盛り付ける熟達労働は、ついに機械に代替されることになったわけです。

第2節 「外食料理」と「家庭料理」の違い

「外食料理」と「家庭料理」は別もの

レストランなどで提供される料理と、みなさんのご家庭で提供される料理は、違うと思いますか?それとも大して違うものではないと思いますか?

とあるお店に入って出された料理を口にして「これだったら、わが家の家庭料理の方がましだ」という感想をもった体験は誰にでもあると思います。あるいは、そもそも「家庭の味」をウリにしているお店もいたるところにあります。

もちろん、一方では、家庭ではちょっとマネのできない舌鼓を打つような、あるいはその絶妙な味わいに思わず唸ってしまったという体験もあるでしょう。後者だったら明らかに「家庭料理」とは違う、家庭では真似ができない「外食料理」だという評価になりましょう。では、前者は「外食料理」ではないのでしょうか。そんなことはありません。営業しているレストランで提供される料理は、すべからく「外食料理」です。両者は、見た目や食べた味の美味しさの如何にかかわらずに、本質的に違います。このことを理論的に説いていきます。

外食料理と家庭料理

外食料理		
再現性	時間性	経済性
家庭料理		

「外食料理」には「再現性」の担保が必要

「外食料理」と「家庭料理」の違いとは何かについて、結論を述べます。「外食料理」には、「再現性」の担保、「時間性」の確保、「経済性」の保証が必要であるという点において、「家庭料理」とはその本質を異にします。では、「再現性」の担保、「時間性」の確保、「経済性」の保証という点を1つずつ説明していきましょう。

まず「外食料理」には「再現性」の担保が必要ですが、「家庭料理」には必ずしも必要ではありません。

レストランでは通例メニューがあらかじめ決まっておりますので、顧客が昨日にそのメニューを注文した場合も、本日注文した場合も、同じ内容の料理を提供しなければなりません。あるいは隣の席の別の客がそのメニューを注文した時も同様です。素材、味付け、ボリューム、盛り付け、色合い、温度などなど、同じものでなければなりませんね。まあ〝日替わり〟というメニューがあるかもしれませんが、その場合でも素材的には少々変わっていても、一食あるいは一皿満たすという意味では、同じ水準、同じレベル、でなければならないことはいうまでもありません。

アバウトな「家庭料理」

これに対して、「家庭料理」は、昨日と本日とで同じものである必要はありません。むしろ、冷蔵庫の中の食材在庫状態をみて、それからおもむろに本日の夕食の献立を練るということもあるでしょうし、食べ手である家族の帰宅時間の都合で食べ手の時間が揃わないときには、多少の違いに目をつぶってもらうとか、あるいはそもそもはじめから違うものを企てるとかいうこともしばしばですね。要するに同じものではない場合が普通なのです。

「家庭料理」においては、昨日の夕食の献立が好評で今日も同じものにして欲しいというリクエストがあった場合に、それに応えて同じ料理を作ろうと心がけても、上手く再現できるとは限りません。料理を作る人の体調とか料理作成に割ける時間の長短などの条件も違います。それになにより、日中の気温や湿度が違えば食材のコンディションも変わりますから、同じ要領で料理作業をしても違う出来栄えとなってしまいます。「料理」はレシピが同じだからといって、できあがりが同じであるはずもありません。要するに、「家庭料理」では「再現性」が保証されておりませんし、またそのことを特別に不思議に思う人もいないのではないでしょうか。

こうした事情は、食べ手である家族もよくわかっていることですから、昨日と同じ料理でなくとも、人によって多少料理が異なっていても普通は文句のネタにはなりません。ということですから、「家庭料理」にはその料理の「再現性」が約束されなくてもまったく構わないということになります。

がしかし、「外食料理」ではそうはいきません。なぜなら、メニューに掲示した料理は、その質、量、種類、味といったスペックそのものがいわば顧客との契約書となっているからです。レストラン店舗と顧客とで交わされた契約、需要者と供給者とで合意された契約は履行されなければなりません。つまり、その料理は、客が違っても、日が違っても同じ料理が「再現」されて提供されなければならないということが原則です。これを「再現性」の担保といいます。

「レシピ」（仕様書）は万能か

ちなみに少々脇道にそれるかもしれませんが、フードサービス事業でよく使われる「レシピ」（仕様書）という言葉について触れておきましょう。

「レシピ」（仕様書）は、料理などの作り方を記したものとして「家庭料理」でも「外食料理」の場面でもよく使われます。一般には医薬分野における処方箋のこと、医者が患者に投与する薬の種類や調合割合などを記したものを「レシピ」といいます。

フードサービス店舗で「レシピ」（仕様書）という場合には、筆者はしばしばこれを音楽の譜面にたとえます。譜面は誰でも見ることができますし、譜面を読めて楽器を操作できる人でしたら、誰でも音楽を奏でることができるでしょう。しかしながら、問題はこれからです。譜面を見て演奏しても奏でられる音楽の出来栄えは、というとこれが千差万別、演者によってまったく異なった音色になったりしますね。

「料理」にもレシピ（仕様書）はありますが、レシピがあれば誰でも同じものができるとは限りません。同じレシピに基づいて「料理」をつくっても、できあがりはその作り手（「調理労働」）により、さまざまなのです。

「外食料理」には「時間性」の確保が必要

次に「家庭料理」と「外食料理」の「時間性」の確保という点の相違について述べてみます。

「外食料理」には、顧客から注文を受けてから料理を提供するまでの時間が概ね決まっています。半世紀ほどまえから業界で使用されはじめて、いまでは社会的に一般化したファストフードという言葉は、そもそもお客様のご注文から料理提供までが「ファスト」な食べ物（フード、料理）ですよ、という意味です。

ファストフードの雄、マクドナルドは、お客様のご注文からお料理の受け渡しまで1分間で完結させると宣言して、時々「チャレンジ60」と銘打ったキャンペーンを実施したりします。もう一方の雄「吉野家」の店舗の看板には長らく、大きく「早い、うまい、やすい」と書いてありました。看板＝消費者との契約書の第一番目の項目は「早い」です。どのくらい早いのか。常連客でしたら、座って注文の声を発せられるかされないうちに、つまり注文する声が発せられるのとほぼ同時に牛丼が目の前に提供されるということがあちらこちらでいわれておりました。看板通りの「早い」の極みです。

ファミリーレストランチェーンでも同様の約束事があり、メニューが比較的絞りこまれているランチタイムでしたら、ご注文から提供までに5分以内、夕食時（ディナータイム）でしたら15分が限界という認識をチェーン側が有しており、ご注文をお伺いするのにオーダーエントリーシステムが採用され普及するようになると、提供時間を計測するようになり、規定以上の時間がかかる事態が多発した店舗には、データ分析をしたり（規定タイムオーバーの時間帯のスタッフの人員が適正であったかとか）、スーパーバイザーなどが店舗指導に入ったりして、この時間を遵守するように心がけておりました。

これらチェーン店では、メニューの変更やキャンペーンメニューなどが差し込まれるときには、そのことによって顧客への料理提供時間に支障が出ないかと特に気を遣っていました。新メニューの導入によって、厨房での人の動線が変化して料理提供までの時間が大幅に費やされるということになれば、どんな魅力的な新メニューでもおいそれとは導入に踏み切れないのです。

ファミリーレストランという業態は、ファミリーすなわち子ども連れで来店される顧客が主たる顧客層となります。時間管理に関して、子どもは大人と異なった行動様式をとります。大人ほど余裕をもって料理の提供を待つということが難しいのですから、子どもたちの注文した料理の提供が遅れることは、ダメなサービスの典型とされます。ファミリーレストランでは、子ども連れで来店される顧客の料理待ち可能時間をこのように認識していて、長年にわたりお客様と合意してきた「時間性」の確保という約束事があるのです。

「時間性」の確保は絶対条件

他方で、本格的な専門料理のレストランでは、お客様は2時間前後の時間をかけて、お客様同士の会話を楽しみながらお食事をとられます。お飲み物もそれなりのペースでグラスを傾けていきます。サービスする方はその様子を窺いながら、次のお料理をお出しする時間をやや早めたりやや遅めたりと進行管理をします。丼飯をかき込むような要領でお料理をお出しするわけではなく、独特の時間の流れをつくらなくてはなりません。まあ、反対に吉野家で牛丼を注文して2時間かけて食事をしなさいという状況にでもなったら、きっと苦痛を覚えるに違いありません。

つまり、外食店舗ではその業態ごとに合わせたそれぞれの「時間性」を確保するように料理提供しなければならないのです。

「家庭料理」には、そのような決めごとはありません。子どもたちは起床時間と通学時間とのせめぎあいのなかで朝食時間に注文を付けるかもしれませんが、仮にそのような注文通りに行かない日があったとしても、子どもたちは翌日から家出をしてしまうわけではありません。

が、「外食料理」では、この「時間性」の確保に支障をきたすと、顧客はその店から離れていってしまいます。「外食料理」にとって、「時間性」の確保は基本命題の1つなのです。ということは、レストラン店舗で提供する「外食料理」は、あらかじめ決められたその「時間性」を確保しうるものに限定されるのです。あるいはレストラン店舗では提供する料理の「時間性」を確保できるように、厨房機器の能力を上げたり、調理労働の熟練度を向上させたりしていくことで、顧客にとっての魅力度を上げていく、ないし競争力を保っていくということとなります。映画のワンシーンに見られるような、あるいは実際にも著名な大型のレストランでは、しばしば厨房内で急き立てるような怒号が飛び交うという様子が伝えられたりしております。それは「料理」の時間管理をスタッフに命じて檄を飛ばしていることと併せて、顧客への提供時間への対応をズラさないという決意表明を、スタッフの皆で確認し合うという意味なのだと思います。

「外食料理」には「経済性」の保証が必要

「家庭料理」と「外食料理」の3つ目の本質的な違いとして「経済性」の保証について説明します。

いうまでもなく、「外食料理」にはあらかじめお客さまに提示しているお料理の価格があります。したがって、その料理に使用ないし動員できる食材の仕入れ価格の範囲ないし水準もあらかじめ決まっております。決められている、というべきでしょうか。

かつては寿司店などで「時価」と表記されたメニューもありました。その日その日の仕入れ値（漁獲状況）によって、当日にしか値段を決めることができない寿司ネタもありますよということですが、いまではレア（〝稀〟という意味です、あるいは例外的といいましょうか）になってしまった表記ですね。

それはともかく、レストラン店舗では、全体の売上の中から、あらゆる食材費、労務費、エネルギー費、家賃、広告費、租税公課、減価償却費などすべての営業経費を賄わなくてはなりません。もちろん利益も出さなくてはなりません。対売上高食材費は、通例ファストフード系では30数パーセント、ファミリーレストラン系では30％強、専門店・高級レストランでは20数パーセントといわれております。

確かに目玉商品として、特定料理を〝激安〟価格で消費者に提案することも可能ではあります。そのように1つ1つの料理の原価率はある程度の相違はあるでしょうが、店舗の全体としては一定のところに収まりませんと経営として成立しません。

そうしますと、通例のレストランでは、あらかじめメニュー価格を公示していて、ある期間、比較的長期にわたりメニュー価格は固定して変えることはしませんので、食材も長期に価格を安定させて仕入れる道がつくられておかなければなりません。

他方、「家庭料理」でも、1カ月の食料費の総額はある程度決まっていると思いますが、あらかじめ長期にわたりメニューが固定されているわけではありませんので、その都度スーパーマーケットなど食料品小売店から食材を購入することで済ますことができます。昨日はちょっと奮発してしまったので、今日はやや節約的にしようかなどと意識して、あるいは無意識に食材（食料品）を購入して、財布の残を見て調整したりしております。「経済性」がまったくないとまではいいませんが、いわば1カ月の総額管理なわけですから、1つ1つの料理についてはおおらかなものだといえるでしょう。

「家庭料理」と「外食料理」とは、「似て非なるもの」

いかがでしょうか、「家庭料理」と「外食料理」とは、仮に外見がそっくりでも、その本質を見ると「似て非なるもの」ということになります。

「家庭料理」の自慢家が、レストランビジネスを実現できるわけではないのです。マスコミの発達で、世に「家庭料理」自慢家が、ときにカリスマ主婦（シェフではありません）としてもてはやされますが、カリスマシェフ（あるいは料理の鉄人）とは、本質的に別カテゴリーであるということを肝に銘じておきましょう。

コラム　ホスピタリティ・プログラムを支える「世界出張料理人」

出張料理人という人たちがいます。ケータリング会社のことではありません。もちろんキッチンカーでもありません。

一般家庭や庭園などのパーティのために料理を任される人のことです。結婚披露パーティもあれば美術館での展示会開催パーティもあります。これら催事のプログラム全体はホスピタリティ・プログラムといったりします。スポーツイベントでも、歌舞演芸（ステージショーなど）と食事とが組み合わされて、スポーツホスピタリティという言い方が用いられつつあります。

これら催事、ホスピタリティ・プログラムでは、クライアント（依頼先）から、さまざまな条件や注文がつきます。それを満たして食事の提供と演出を行わなくてはならないのですが、ここでの最大の問題は、先様の台所が調理現場になるということです。一流レストランの厨房ではないので、冷蔵庫や食材の保管場所も手狭ならば、能力的にもそれなりの代物でしかありません。出張料理人とは、そのようなところに赴いて、出席者の大向こうを唸らせる料理を手際よく仕上げて提供するプロフェッショナルです。もちろん難局に次ぐ難局の連続、パーティの最後にどうやって参加者から拍手喝さいを受けるのでしょうか。出張料理人の技（わざ）の数々。ここから先は、実践者自らの執筆になる弧野扶実子『世界出張料理人』（2014年、KADOKAWA、1500円＋税）でお確かめください。

第 2 章

「良い店」と「繁盛する店」

第1節 「良い店」であることと「良い店」を維持すること

「良い店」の共通項は何でしょうか

レストランビジネスにとって「良い店」とは、どんな店のことでしょうか。具体的なお店体験を思い浮かべて、あの店は良かったなとか、あの店はいま一つもの足りなかったなとか、個々のお店を思い浮かべてみることはできるでしょうが、では「良い店」の共通項は何でしょうかと問うと、意外にうまく説明できないようです。

これも筆者の大学の授業場面での話ですが、受講生に「良い店」とはどんな店を指すのかと問いかけてみますと、真っ先に料理が美味しい店という答えが挙がります。そして、それと並んで安い店という答えが挙がり、以下、騒げる店、長居できる店などという答えが返ってきます。価格の安い店に親近感があり、そういう店こそ「良い店」に違いないという確信のようなものがあるような反応です。そこで次に、では君たちが挙げる「良い店」ならば「意中の人と初めてのデートで行ってみようという店」なのかと問うと、しばし沈黙の時間が流れます。どうやら普段使いの店とデートで使う店は同一ではないようです。こうして受講生たちにいくつかの質問を重ねていくと、シチュエーション（その時の局面）によって選ばれるべき「良い店」は異なるようだと気が付きます。

ここでダメ押しをします。「溜まり場」という言葉がありますね。学生の「溜まり場」になるようなお店は、学生にとっては居心地の「良い店」なのでしょうが、大人や成熟した年配の方々にとっては、かえって居心地の「悪い店」ではないでしょうか。すなわち同一の店が、客層よっては「良い店」になったり「悪い店」になったりするのです。つまり、物性的、外形的に「良い店」とか「悪い店」の規定はできないのであって、これらの評価は顧客との関係性、顧客の利用動機という心理性に依存した評価だということになります。

という次第で、この節では「良い店」の構造（組み立て）を説明してみましょう。

レストランビジネスの提供商品

本書の第1章第1節で「料理の方程式」について解説しました。ここでは「良い店の方程式」の解説をします。

はじめにレストランが顧客に提供する商品について確認しておきます。レストランが顧客に提供する商品とは「料理」であるという答えがすぐに思い浮かぶことでしょう。たしかに「料理」は、顧客へ提供する商品の第1番目に挙げられるべき必須要素です。でも、レストランが顧客に提供する商品は、「料理」だけではありません。

〝外食〟ビジネスは〝フードサービス〟ビジネスともいい換えられております。これは、「フード（食品＝料理）の提供とサービスの提供が一体化している」ということを意味しています。「サービス」とは、サービスを担う人（スタッフ）によって体現されている人的サービスのことです。レストランは、顧客にこの「サービス」という商品も提供しております。

そして、「料理」、「サービス」と並んでもう1つ「雰囲気」という要素も、レストランが顧客に提供する商品の一部です。上で「溜まり場」という言葉を使いましたが、「溜まり場」になるかならないかは、まさにそのお店の「雰囲気」が決定的な要素となっています。「溜まり場」という「雰囲気」をウリにする店の場合は、「料理」そのものは二の次であるかもしれません。

それはともかくとして、以上の3つ「料理」、「サービス」、「雰囲気」が、レストランが顧客に提供している商品の具体的な中身です。およそレストランである以上、いかなるお店もこの商品の3要素「料理」、「サービス」、「雰囲気」を顧客に提供しております。

さて、こうしてレストランが顧客に提供する商品の中身が明らかになってはじめて、「良い店とはどんな店か」という問いに迫っていくことができます。

「良い店」とはどんな店か

「良い店とはどんな店か」という問いへの解答をはじめに述べておきましょう。

「良い店」とは、その店で提供される商品としての「料理」と「サービス」と「雰囲気」とがそれぞれに統一感、一体感によって紡がれている店のことです。

その店の「料理」は、その「料理」にふさわしい人的な「サービス」によって顧客に提供され、その店全体の「雰囲気」も、その「料理」の種類や内容とマッチし、そこでの「サービス」のスタイルにふさわしいものであるということです。

「居酒屋」では

たとえば、1日の仕事を終えて帰宅前のサラリーマン同士が集おうという「居酒屋」では、スタッフが元気の良いかけ声とともに料理を運んできたりします（サービス）。料理の盛り付けも上品さを優先させるというよりは豪快な印象を与えるものがあり（料理）、店内もそれなりの賑わいで結構ざわついていたりします（雰囲気）。

「専門料理店」では

これが、奮発したデートや接待などにも使われる高級感のある「専門料理店」では、ゆったりとした時間を過ごすことのできるようなコース料理が中心で（料理）、サービススタッフは客の動静をうかがいながら控え目に出しゃばらずに、かつ気の効いたタイミングで料理を運んだり飲み物のお代わりをしてくれたりします（サービス）。照明や壁に掲げられた絵画やテーブルに添えられた花なども、気持ちを落ち着かせる雰囲気を醸し出しています（雰囲気）。

「ファストフード」店では

たとえば「ファストフード」店では、料理種類が絞り込まれていて、注文に時間を要しません（料理）。また客からの注文にもスピーディな料理提供が信条とされ、サービスも過剰なものはなく必要最小限のやりとりで済むようになっています（サービス）。店舗の外観も店装も重厚というよりは軽装カジュアルな雰囲気で、気軽に出入りできるように明るく保たれています（雰囲気）。

「ファミリーレストラン」では

あるいは、「ファミリーレストラン」を見てみましょう。家族連れの誰でもが何かしら注文できるように、馴染みの料理がラインアップされていてメニューバラエティに富み、ドリンクメニューなども豊富ですね（料理）。家族が自家用車で来店することを想定しておりますから、わかりやすい駐車案内と停めやすい駐車場の用意も必要です。そして店装もゆったりしていて広々とした空間で客席もくつろげるようになっていて、1時間前後を落ち着いて過ごすことができるようにできています（雰囲気）。サービスも過剰でない分、客の気遣いは不要ですが、そうかといって追加注文など必要な際には呼べばすぐに客席に駆けつけるというように〝そつなく〟仕組まれています（サービス）。

「料理」「サービス」「雰囲気」の三位一体性

以上のように、長年実績のあるレストラン業態では、「料理」と「サービス」と「雰囲気」とがいわば三位一体として、相互に適切なあり方を構成しているということが理解できましょう。また、そうであるが故にこそ、顧客の支持を長年にわたり獲得しているのだということになります。つまり、顧客からみての「良い店」の本質が、この「料理」と「サービス」と「雰囲気」との三位一体性という原理なのです。

このように結論付けますと、最近はやりの話題店はどうなのだという声が飛んできそうなので、高級立ち喰い店について敷衍しておきます。

立ち食い店の三位一体性

マスコミなどが伝えるところでは、高級な「料理」を、「立ち食い」という環境（サービス、雰囲気）で提供する「業態」が賑わっています。「俺のイタリアン銀座」「俺のフレンチ銀座」（2012年開店）など、「俺の（株）」が展開する「俺の」シリーズ店舗や、「ペッパーフードサービス」の「いきなり！ステーキ」（2013年、銀座）は、マスコミでも注目され大賑わいのようです。これらは上記の「料理」「サービス」「雰囲気」の一体感、統一性を確保した「良い店」の原理とどのように折り合うのでしょうか。

実は、これらのお店は、これまでのような高級な専門店ではなく、高級な「料理」と簡素な「サービス」と喧騒の「雰囲気」という要素で組み合わせた、そのような「業態」であると認識することができます。実際、消費者は慇懃な「サービス」を期待しているわけでも、ゆったりとした会話を楽しむような「雰囲気」を期待しているわけでもありません。ビジネスモデルとしたら、むしろファストフードに近似です。一般の「ファストフード」としてみると、「料理」のボリュームが大きいことと「価格」が突出して高いということに相違があるということです。

そうであるならば、これらは実は昔から存在している「業態」であるともいえます。江戸末期の屋台でのウナギのかば焼きや、あるいは明治の中期以降に台頭した〝一品西洋料理〟

を掲げた立ち食い屋台などと相似形であるといえます。当時、西洋料理店は、庶民にとって高嶺の花でしたが、その廉価版であるこの西洋料理の屋台店は、各所にあったと記録されています。もちろん「客層」は、両者では歴然と分かれておりました（茂木信太郎『外食産業テキストブック』（1996年、日経BP）33～34ページなど参照ください。また、「立ち食」いではありませんが、「カウンター割烹店」も屋敷構えの本格料理店からの派生系であることを伊藤洋一『カウンターから日本が見える』（2006年、新潮新書）が指摘していて参考になると思います）。

「業態」という約束

ひとまず「良い店」とは、美味しい「料理」と、それの提供にふさわしい適切な「サービス」と、そして、その「料理」および「サービス」に見合ったバランスのとれた店装などが醸し出す「雰囲気」という各要素が一体となって機能し、顧客のレストラン体験を満足させて顧客をして「良い店」と感じさせ、かつ再度の来店を誘引し、友人や周囲の人たちにその印象を伝えたくなるような店だと規定することができます。

このように規定しますと、これまでに議論を深めていない2つのことについて確認しておかなければなりません。その1つは「業態」という考え方です。もう1つはその店の「客層」についてです。

上で、「居酒屋」とか高級「専門料理店」、「ファストフード」、「ファミリーレストラン」といった例を述べました。これらのレストランの呼称は、それぞれ顧客の利用動機をあらかじめ受け止めた店づくりをしております。このような顧客の利用動機に対応したレストランのあり方を「業態」といいます。

「業態」は消費者との契約書

たとえば、「ファストフード」店は、消費者の「ファスト」で（素早い）手ごろな腹満たし需要に対応した店という共通の認識が世間一般にあります。これは、消費者と店側（供給者側＝ビジネスの経営者側）とで共有されていますので、店の外見にもそのような気安さ感やカジュアル感を訴える設計や色遣いを施し、一目でそのような「業態」であると視認できるように造作しています。

その意味で、「業態」を企ててより明瞭なものとすることは、消費者と店側とで相互に取り交わした約束事の履行であるということができます。「業態」を明確にしてお店のあり方を消費者に訴えるということは、いわば消費者と契約書を取り交わして守ることであると比喩すればわかりやすいでしょうか。

ですから店側は、「業態」すなわち消費者の予期する「料理」と「サービス」と「雰囲気」との一体性を維持することに腐心しなければならないのです。店側が、この消費者との目に見えない契約書を反故にすることは許されません。仮に、知らず知らずに契約書の中身（「業態」のイメージ）と店舗の現場とに齟齬が生じるようなことになると、すなわち「料理」と「サービス」と「雰囲気」との一体性がズレたりしますと、たちまちのうちにその店は消費者から見放されてしまうという末路を辿ることとなります。

消費者の「価格」感との一致

ちなみに、これまで商品の対価すなわち「価格」のことについて述べてきませんでした。消費者がレストランを利用しようとするときには当然のことですが、その利用動機に対応した利用「価格」を想定します。そのレストランの「業態」に対応した「価格」です。いわゆる相場という「価格」感だともいえます。ですから店側は、「業態」すなわちその店の「料理」と「サービス」と「雰囲気」を構想するときには、あらかじめその相場感に適合する「価格」設定をしなければなりません。「価格」は、メニューにしか付されていませんが、そのメニューの「価格」は、実はその店が提供する商品全体の「価格」です。そして、顧客が実際に利用「価格」を支払う段になった時に、想定「価格」よりも安く済めば、その店への好感度はいや増しすることでしょう。逆に、その想定「価格」より大幅に高額な場合には、その店の利用体験そのものが一挙に興覚めしてしまいます（注記しますが、本書では「チップ」のことに触れていません。同様に「サービス料」についても度外視しております）。

比喩的ですが、「業態」が消費者との「契約書」だというからには、当然のことながらその「業態」には消費者の支払い「価格」が裏書きされているということになります。要するに「業態」にはその「業態」に適合する「価格」帯があり、その幅を超えてはならないということが事前「契約書」として明示されているということも確認しておきましょう。

「業態」が「客層」を決めている

ところで、来店する顧客の大半は、その店があらかじめそのような「業態」の店であると認識し、そのような「業態」店の利用意向をもった顧客です。そして、そうした「業態」の利用意向を有さない消費者はその店の利用を避けることでしょうから、必然的にその店には、同質の需要を有した消費者が集うということに結果します。これがその店の「客層」といわれる存在です。

つまり、ある「業態」の店は、その「業態」の利用意向を有した人たちにとっては居心地がよく、そうでない人たちにはあまり居心地がよくないということになります。うっかり異質な人たちや異なった動機を有した人がその店に入ってしまうと、「場違い」という印象を、その客も、そしてその店にすでにいる客たちも覚えます。その意味で、店側が「業態」を維持しようと腐心することは、このような「場違い」な利用客を呼び込まないようにする、あるいは来店を拒むような策や仕掛けをするということも必要なことです。「良い店」は、「良い店」であり続けるために、顧客をそれとなく選んでいるという裏側のストーリーもあると見るべきでしょう。

「一見さんお断り」はなぜあるか

ここで、サイドストーリーを2つ。

「料亭」という業態があります。「一見さんお断り」といって、紹介のない客は利用することができません。あるいは馴染みの客に連れて行ってもらってはじめて「料亭」を利用したとします。

が、このときは「料亭」の女将のいわば〝面接〟を受けているような状態です。馴染み客の連れだからといって、無条件にその「料亭」の客となることはできません。お愛想よく、どうぞ次からは馴染み客と一緒でなくてもお出でくださいといわれても、もしかして〝面接〟に落ちたりしていると、電話で予約を入れても「あいにくとその日は満席で」といわれて結局いつまでも利用できないということもあります。

要するに、店が顧客を選別することで、店の雰囲気、客層、客の利用動機を絞り込んでいるわけですね。

まあ、一般にも高級なお店では、ドレスコードがある場合が珍しくありません。男性客でしたらネクタイ、ジャケット着用とか、そのお店が決めた服装でない場合には入店を拒まれるところもあります（このようなお店では、店側がジャケットなどを即座に貸してくださって、辛うじて入店がかなえられるということになりますが、店側のおメガネにかなわなければ入店できないこともありえます）。他のお客様へのご配慮という次第です。

これらは、みな「良い店」＝「業態」を維持する上で、客を選ぶという最も基本的でシンプルな営業政策を実践しているにすぎません。

またこれはある女性から聞いた別の話ですが、観光でパリに行った時に、いわゆる星付きレストラン（ミシュランガイドに掲載されている高級レストラン）にそれなりにお洒落な格好をして入ろうとしたら、店内はガラガラなのに、全席予約で埋まっていると入店を断られたそうです。そこで、いったんホテルに帰り、持参した和服に着替えて再度その店に出かけたら、大歓迎されてよい席に案内されたということでした。盛装ならＯＫ。わかりやすい例ですね。

「良い店」の３条件

「良い店」の３条件（第２章第１節）				
「料理」の３要素（第１章第１節）			サービス	雰囲気
食材	厨房機器	調理労働		

顧客参加型ビジネス

それはともかくとして、「良い店」としては、「料理」と「サービス」と「雰囲気」との一体性を顧客に保証するために、同質の「客層」がその店の客として参加していることが欠かせない要素なのです。

そこで、貴方が利用したその店が「良い店」だという印象をもったとすると、貴方はその店の「料理」と「サービス」と「雰囲気」の統一感に浸った体験をしたということなのですが、その場合、その店はその店に好ましい「客層」で席が埋まっていて、貴方自身もその「客層」となることに満足感を覚えたということなのです。貴方がその店にふさわしい客として参加することで、はじめてその店は「良い店」であるという格付けを得ることができるわけです。要するに、貴方のその店での顧客としての振る舞いが、その店を「良い店」たらしめているのです。別の言い方をすると、その店が貴方を顧客として選ぶことで「良い店」たらしめているという次第です。その意味ではレストランビジネスとは、顧客参加型のビジネスであるという見方ができます。

第2節　「良い店」は「繁盛する店」か？

「良い店」でも「繁盛する店」とは限らない

第1節では、「良い店」すなわち、お客さまにとって好まれるお店とはどのようなお店なのかということについて、解説いたしました。

しかしながら、注意していただきたいことは、お客様からみていかに「良いお店」であると評価をいただいても、実際にお客様にご来店いただかなければお話になりません。つまり、「良い店」であるということは、それだけでは「繁盛する店」であるということにはならないのです。「良い店」とは、「繁盛する可能性のある店」だということ、あるいは「繁盛する店の必要条件を満たしている店」だということにすぎません。お客様に実際に足を運んでいただいてこその「良い店」だということです。

マネジメントの立場からは、いくら「良い店」だと自他ともに評価されても、キチンと経営できていることが重要です。実際にお客様が日々足を運んでくださらなければ、経営は成り立たないのです。

では「繁盛する店」（経営的に成り立つ店）とは、「良い店」であるという必要条件に加えて、どのような条件が備わらなくてはならないのでしょうか。

「繁盛する店」の3条件

はじめに、結論を述べます。「繁盛する店」すなわち、日々お客様がご来店くださる店であるためには、そのお店が「良い店」であることに加えて「立地力」（その店にふさわしい立地であること）と「情報発信力」（その店にふさわしい情報発信力を発揮していること）とが必要条件となります。この3つが「繁盛する店」の3要素です。

「立地」の適合性

「立地力」から解説していきます。

前節での「良い店」の3条件を思い出していただけると助かります。「良い店」とは、消費者の特定の利用動機・利用意向に即した「料理」（美味しい料理）と「サービス」（好ましい接客サービス）と「雰囲気・店装」（居心地の良い雰囲気）がいわば三位一体のものとして合致融合しているというお店のことでしたね。また、そうしたお店に集う「客層」も必然的に随伴されるということも確認されたかと思います。

では、その「良い店」は、どこにお店を構えたらよいのでしょうか。これが「立地」問題です。ここでも、はじめに結論を述べますと、その「良い店」には、その店に適合した「立地」があるということです。「立地」の適合性を誤ると、あるいはズレてしまうと、そのお店の「繁盛」は望めないこととなります。

前節で「業態」について触れております。「業態」とは、お客様の利用動機に合わせたお店のあり方をいいます。たとえば、ファストフードという「業態」のお店でしたら、短時間で腹満たしをしたい人たちの需要に対応したお店ということですので、そうした人たちが大勢行き交う繁華街とか駅前とか大型のショッピングセンターとかがふさわしい立地ということになります。

これが比較的高級な「専門料理店」の場合でしたら、いかがでしょうか。むしろ、繁華街や駅前から少し距離があり、閑静な街区の方がふさわしいということになりましょう。

ファミリーレストランという「業態」でしたら、当然「家族」が集住する近辺あるいは「家族」がアクセスしやすいロードサイドなどがふさわしい立地となります。

居酒屋でしたら、勤務者（サラリーマン）が大量にいるオフィス街やそこからの帰路、あるいは帰宅途上の駅周辺などに多くが立地しています。

「立地」の不適合

いわずもがなかもしれませんが、その店の業態と立地がズレたケースを仮定してみましょう。駅前の喧騒にまみれた立地で、やや高級な「専門料理店」があったとしたらどうでしょうか。その店の「料理」が美味しく「サービス」も快適で、店内の「雰囲気」もよろしいと三拍子そろっていても、隣接してラーメン店（ファストフード）や携帯ショップやパチンコ店などが軒を並べていたら、あまり積極的に足を踏み入れようという気にはならないでしょう。これが、表通りから外れたやや隠れ家的な界隈に立地していると、入店してみようという気持ちがそそられましょう。

以上のように、その店・その「業態」にふさわしい「立地」が求められることが、「繁盛する店」の必須要素です。これが「立地力」です。ちなみに「立地」とは、特定の土地のことではありません。当該物件周辺の環境を含む概念です。

ファミリーレストランの立地革命

少し時代をさかのぼって、わが国のフードサービス業界でそれまでの「立地」概念を大きく変えた出来事を紹介しておきます。

ファミリーレストランは、日本で車社会の到来とともに誕生した「業態」です。ファミリーの主たる移動手段がマイカーになった時に、ファミリーレストランは郊外の幹線道路沿いという新しい適合的なレストラン立地を発見したのです。

それまでは、徒歩で大勢の人が行き来する街中繁華街こそが、飲食店の立地にもっともふさわしいといわれておりました。「牛の涎（よだれ）」という比喩が使われ、だらだらと途切れずに人々が往来する繁華街や商店街が飲食店の好立地とされ、その他は見向きもされませんでした。当時は、拡大する外食需要にレストラン店舗の供給が絶対的に追いつかない時代で、「料理」の美味しさを競ったり「サービス」の良さを磨き上げなくとも、好立地さえ得られれば顧客は自然と入店し、繁盛すると思われていたので、レストランビジネスの要諦は、〈一に「立地」、二に「立地」、三四がなくて、五に「立地」〉と謳われたりしておりました（ここでの「立地」とは、街中繁華街のことです）。

すかいらーく（当初はスカイラーク）が、畑地に囲まれた郊外に1号店（東京都府中市）を出店したのは1970年のことですが、多くの関係者から、こんなところにレストランをつくるなんて無謀であるとか、常識外れで失敗するに違いないと言われたそうです。専門家筋からも「やめなさい」という好意の忠告が相次いだそうです。

現代とは隔世の感がありますね。

高額投資のレストラン店舗

さて現在に戻って、レストランビジネスで「立地」を想構するときに、他のリテイルビジネス（小売業）とは異なる、忘れてはならない重要な相違を確認しておきましょう。

それは、レストラン店舗はリテイル店舗とは異なり、大変重装備で、店舗設営に要する設備投資額がとても高額であるという点です。たとえば、衣料品や雑貨などのファッション商品、文具店や商品価格均一ショップ（ひゃくきん）などは、レストラン店舗の投資額と比べると著しく軽装備であり、相対的に低予算で店舗設営ができます。

レストラン店舗には、厨房設備が要ります。またそのためのエネルギー（電気、ガス）、水道や排水の配管などが、特定個所に配置されます。場合によると排水規制があり、特別に排水用の設備を自前で追加しなければならない場合もあります。これらは、リテイル店舗では標準設備外の事項です。

併せて重要なことは、これらレストラン店舗の設備配置はいったん整えてしまうと、事後変更がほとんど不可能である、あるいはできなくはないとしても、それなりに費用が膨大となるということです。

やや単純化して比喩的にいいますと、リテイル店舗では、店舗という箱を用意して、そのなかを自在に仕切ったり、可動の陳列棚・什器を配置すればよいので、もし思い通りの商品陳列ができなくても、変更は相対的にたやすいといえます。商品政策や品揃え政策の変更や、極端な話としては撤退（原状回復）も相対的にしやすいといえます。これに対して、レストラン店舗は、いったん設備して開店してしまった後の修正はほとんど絶望的だということになります。なぜなら、仮に業種（料理）を変更しようと思えば厨房設備の改新を伴うこととなりますし、業態を変更しようと思えば、厨房のみならず店装や家具什器の新調ともなりますので、なんのことはない新しく店舗をつくることと同様の事態となりかねません。

ということは、初発のところで「立地」選定を誤ると、文字通り取り返しのつかない事態となります。あらかじめの「立地力」の見極め、「立地」選定の鑑定は、レストランビジネスの死命を制するものだといえましょう。

操作不可能な「立地」

そして、駄目押しで強調しておかなければならないことは、「立地」については、レストラン店舗側からの操作性、操作力はほとんどないということです。

レストランビジネスにかかわる他の要素、たとえば「料理」や「サービス」や「雰囲気」や、そしてこれから述べる「情報発信力」などについては、自前の努力や工夫や考案などで、幾分かの改変改良を企てる余地がありますが、「立地」についてだけは如何ともしがたい状態にあるわけで、所与のものとして受け止めなければならない条件なのです。

「情報発信力」はなぜ必要か

すぐ上で、レストランビジネスとリテイルビジネスの重大な相違を指摘しました。そうした相違は、もう1点あります。それは、リテイルビジネスでは、1人の消費者が一度の来店で買い溜めすることができますが、レストランビジネスでは買い溜め（食い溜め）することができないということです。あるいはリテイルビジネスでは、1人のお客様が家族の分や友人の分などとして多数の商品を一度にお求めになることがあります。レストランビジネスでは、1人のお客様は基本的に当人の1食分だけのお料理しか召し上がりません。

このことは、ビジネスモデルとしてどのようなことを意味しているのでしょうか。

それは、レストラン店舗では、毎日毎日一定数以上のお客様に途切れることなくご来店していただかなければならないということです。仮に1日でもお客様の来店数が過少であると、せっかく仕込んだ食材の廃棄ロスにもなり、スタッフの有給の遊休時間ともなります。季節や旬節や曜日などによって、来店客数にムラがあると、経営的に大きな損失につながりかねません。

ただ店舗を構えて顧客の来店を待つだけという営業スタイルですと、来店客数のムラを必然化してしまいます。それだけではなく、これまでご来店くださっていたお客さまも、そのうちの一定割合は常に足が遠のいたり、あるいは生活様式の変化でご来店が難しくなったり、他の新しいお店に惹かれたりして、ご来店が滞るということもごく当然のこととして日々生じております。

したがいまして、当該店舗は「良い店」であるということを、未知のあるいは未来店のお客様に伝え、ご来店のきっかけを働きかけるような「情報発信」を繰り出し繰り返していかなければなりません。この「情報発信力」が弱ければ、どんな繁盛店でも来店客数に陰りが生じます。「良い店」が「繁盛する店」であるためには、強い「情報発信力」が必須の要素なのです。

店舗の意匠

では、具体的に「情報発信力」とは、どのような中身を考えたらよいのでしょうか。

もっともプリミティブなものは、店舗の外観でしょう。店舗デザイン、店名のロゴ意匠、サインポールなど、たとえばチェーン店であれば、遠くからでもそのお店があることが通りすがりの人にも視認されるように、目立つように配置されています。あるいは郊外店であれば、駐車場へ自動車がスムースに誘導されるように、植栽やお洒落な植え込みなどで演出されています。

看板の効用と新立地

見事だと思わせるのは、地方の郊外にあるマクドナルドです。店舗の数キロも手前から、さりげなくかつ目立つように、赤地に「M」の黄色のロゴと矢印と距離数だけが表示されている立て看板を見かけます。しばらく走ると、また同様に距離数だけが短くなった看板が目に飛び込むようになっています。おそらく、同社担当者は乗用車で実走して、看板設置の当該場所を決めているのでしょう。地元料理を売り物にするご当地レストランの看板なども、高速道路インターチェンジ付近でよく見かけますね。はじめてご当地を訪れる人も、温泉の看板と隣り合わせの名物料理の看板に出くわすと、思わず立ち寄ろうかとハンドルを切ってしまうこともあるでしょう。

最近では、急速に店舗網を拡大している「鳥貴族」も面白いですね。駅前ビルの階上数階あたりに店舗を構えることが多いのですが、1階の路面よりも当然、ビルの中層階でしたら家賃が安くなります。ところが、たとえば東京での例では、JR中央線沿いですと一連の駅ホームの高架工事が完了しつつありますので、駅のホーム上に立つと、目の前のビル中層階の窓に張られた「鳥貴族」の大きなロゴがちょうどホームとほぼ同じ高さとなり、そのまま目に入ってきます。そこで、この駅にも同店ができて、目の前にあるのだということが、電車待ちしているときに否応なく認識してしまうということになります。

ショップカード

こうした例を挙げるときりがないので、店内に入ってみましょう。名刺サイズのショップカードの常備も今や定番となっています。ご来店なさったお客様が気に入ってくださった場合には、会計の折にお持ち帰りになります。お客様の前に店長が出てこられて、名刺を差し出してご挨拶される場合があります。当然、再来店を期待して「情報発信」している行為です。ショップカードにはたいがい営業時間なども書かれておりますから、次回訪れようとする時に便利です。また、そのお客様が気に入って友人などにお薦めする場合には、そのカードあるいは名刺をそのまま渡せば迷わないで済みますから、お客様ご自身がお店のPRすなわち「情報発信」を代行してくださることになります。

筆者の個人的な体験ですが、店長から名刺を差し出されて思わずこちらも名刺を差し出してしまうことがあります。その場合には、その後に定期的にお店の情報（主に新メニュー、珍食材入手、イベントなどの案内）がメールで届くようになりました。

かつてはスタンプやカード、あるいは誕生月割引のカードなども多用されていました。つとに有名なのはミスタードーナツのキャンペーングッズ類で、グッズの人気が同ブランド力を高める効用がありました。

エリア誌紙でのPR

地方の独立店舗ですと、その地域の雑誌や観光協会や行政関係が作成する地図や観光案内に店名、主力メニューの写真が掲載されていることがよくあります。有料（広告出稿）の場合も無料の場合もありますが、地元の方々もよく見ていてPR効果はあります（のちの第5章第6章で再述します）。

ITの関与と立地の変容

21世紀に入りますと、IT系の「情報発信」が本格化していきます。「ぐるなび」「食べログ」「ホットペッパーグルメ」などのいわゆるグルメサイトならびに「ツイッター」や「フェイスブック」などの個人ベースのSNSは、今や店舗の「情報発信力」の決め手にもなっております。スマートフォンを使った会員登録などは常態化するとともに、その手法も日々進化しております。

これらは、消費者の店舗選択行動をすっかり変えつつあります。たとえば、かつてはレストラン店舗で待ち合わせをしようとする時には、あらかじめお店を具体的に決めて約束したものですが、最近では、待ち合わせ場所をとある駅改札周辺とだけ決めて、そこで待ち合わせした後にスマートフォンで適当な店を検索して入店するというような行動スタイルになっています。

このように、あらかじめ調べたお店で待ち合わせするのではなく、駅で待ち合わせした後にスマートフォンでお店を探すという待ち合わせのスタイルは、「立地」条件の良し悪しを確実に変えつつあります。

たとえば、以前ならば、駅前の正面にある路面店（ビルならば1階）が文句なく1等地で、その路地裏の地階などは2等地・3等地でした。もちろん家賃は1等地がとてつもなく高額で、2等地、3等地と安くなります。

ところが、駅前から目視で視認しなくても、スマートフォンで検索するならば、駅前の路面店でも裏側の地階店でも消費者にとってはそれほどの差はありません。ということは、同額の家賃ならば、裏側の地階店は、その分スペースを広くとったり、内装に手をかけたりすることができます。あるいは相対的に低額で済んだ家賃分をメニュー価格に幾分か反映させて、相対的に値ごろ感のあるメニュー価格設定をしたりすることができます。という具合に、裏側の地階店が路面店より優位に立てるということもありえます。

「良い店」と「繁盛する店」の要素

<table>
<tr><td colspan="7">「繁盛する店」の3要件（第2章第2節）</td></tr>
<tr><td colspan="5">「良い店」の3条件（第2章第1節）</td><td rowspan="3">立地力</td><td rowspan="3">情報発信力</td></tr>
<tr><td colspan="3">「料理」の3要素（第1章第1節）</td><td rowspan="2">サービス</td><td rowspan="2">雰囲気</td></tr>
<tr><td>食材</td><td>厨房機器</td><td>調理労働</td></tr>
</table>

ＩＴ活用の具体例をもう1つだけ挙げると、消費者サイドから、「どこどこ（たとえば駅周辺の徒歩5分圏内で）で何時から何人で予算いくらの予定ですが」と、あるグルメサイト上に掲示すると、その周辺のレストラン何軒からも「当店でしたらこのようなメニューと価格でご用意いたします」という具体的な提案が発信消費者に送信され、消費者はそのなかから選んで予約をすれば済むという手法も普及しつつあります。

いずれにしましても、20世紀が「待ちの情報発信力」だとすれば、ＩＴ時代の21世紀では「攻めの情報発信力」が戦略的に必要となっております（コラムｐ．68）。

「良い店」が「繁盛する店」であるためには、「立地力」と「情報発信力」が必須要素であるということを確認したいと思います。

コラム　予約というビッグデータ

9月になると、レストラン店舗は12月の忘年会シーズン対策に着手します。といってもメニュー開発の話ではありません。「情報発信力」の話です。ここから先は筆者（茂木）の推測ですが、「ぐるなび」などではすでに過去10数年間にわたる予約申し込み実績のビッグデータがあります。

たとえば、２０１６年12月のカレンダーは、２０１１年と曜日・祭日が一致しています。あるいは、２０１７年12月のそれは、２０１６年と祭日を含め曜日が1日だけズレます。これらのデータから、その年にはいつ頃から12月の何日の予約が入り始めるか、あるいは10名以上の予約の入り方と小規模個人の予約の入り方とがどのようになっていたか、価格実績はどうであったかがわかります。これらを冷静に見るだけで、その年の忘年会など宴会需要や個人予約の傾向、価格予測などの対策を講じることができます。

いわばお店側が何もしないでも予約が入ってくる日、団体予約が入り始める日・ピークになる日、予約需要が重なりそうな場合の代案の提示の仕方、逆に早めに予約を働きかけておくべき日、あるいは、特定誘引政策を謳った方がよい日などが検討されるという次第です。これらに今年のメニュー傾向や料理トレンドなどを加味してのプロモーション活動が、9月から練られて実践されていくということになります。

第3章
「厨房部」はどのように運営されるのか？

組織編成と役割分担

これまで、第1章「料理」の構成要素（第1節）、「家庭料理」と「外食料理」の本質的な違い（第2節）、第2章「良い店」の条件（第1節）、「良い店」と「繁盛する店」の相違（第2節）について説明してきました。

なかなかお店のなかの話に入らないので、ではお店はいったいどのように運営したらよいのか、どのような運営上の原理があるのかなどということを期待していた読者には、見当はずれだったでしょうか。お待たせしました。ここからは、お店を運営していく話を展開していきます。

といっても、一度にあれやこれやの話をまとめてすることはできませんので、ここ第3章から第6章までをかけて説明していきます。実際のお店の運営は非常に煩雑で、多種多様な要素が入り組んでおりますので、あれこれ思い付きで指摘するのではなく、問題をわかりやすく腑分けして、順に説いていきましょう。

実際にレストラン・外食店の営業は、大勢の人たちの連携プレーで成り立っております。その大勢の人たちには、それぞれ役割分担があります。経営学的にいうと、経営・事業遂行する主体は組織です。組織とは、その事業遂行のために編成される目的をもった部署の集まりのことで、各部署にはそれぞれの分担すべき役割があります。したがいまして、上で「大勢の人たちの連携プレー」と書きましたが、この場合の「人」とは、それぞれの部署に配属された人たちのことを意味し、「連携」とは、全体として編成された各部署のそれぞれの役割分担の実践のことを意味します。

お店は「厨房部」「客席部」「支援部」「店長」から成り立っている

少し堅い話になりましたので、先にわかりやすく結論を提示しておきましょう。

レストラン・外食店舗の運営には、「料理」製造を担当する「厨房部」と、接客サービスを担当する「客席部」と、金銭管理や広い意味での人事管理や顧客管理などを担当する「支援部」（一般会社でいうと総務部が相当します）、そしてこの3部署（部門）を束ね統括する「店長」という組織構造が普遍的にあります。

もちろん規模の小さなお店では、これらの部署を1人の人格がある部分でかけ持ちすることは珍しいことではありません。しかしながら、その場合でも、その人がその瞬間瞬間で携わっている仕事がどのようなものであるかについては、よく理解しておく必要があります。そうでないと、従業する人が入れ替わったり、店舗の運営規模を拡大したりするときに必ず混乱が生じてしまうからです。なにより、そのお店を維持し継続して営業していくためには、この組織構造の理解は必須の事項なのです。

店舗の運営組織

店　長（第6章）		
厨房部（第3章）	客席部（第4章）	支援部（第5章）

上で、店舗は「厨房部」と「客席部」と「支援部」と「店長」という4つの目的に編成された組織から構成されていると述べました。以下では、これらを順次解説していきます。

「厨房部」とはどんなところか

まずは馴染みのある「厨房部」について、その役割や内情についてみてまいりましょう。

「厨房部」とは、大きく括ればそのお店の「料理製造」の一切の責任をもつ部署ですから、それに関連する諸事を所掌します。

具体的には、日々営業を続けるために①「料理製造」をするのですが、その場面でも後述するように遵守すべき原則があります。

また、営業に先立って、②「料理」そのものの開発があります。お客さまに飽きられないようにするためには、日々新メニューの開発試行にも取り組みます。提供料理が決まっていれば、そのための③食材を仕入先に発注して「食材調達」をします。④調達した食材の点検（品質、数量、サイズ、品種、色度合い、鮮度、温度など）も必須です。食材発注をする前には⑤「在庫点検」が必要ですね。「在庫点検」の際には、日が経ってしまって使用がはばかられる食材の⑥「廃棄」処分をしなければなりません。

日々、⑦「厨房設備機器」類あるいは「調理用具」などが整っていて欠損がないかどうかもあらかじめ点検・確認しておかなければならないでしょう。

少々立ち入った話ですが、1日の営業が終了すると、必ず機器類を含めて厨房部全域の綿密な清掃作業が求められます。もちろん、これは厨房機器類や道具に付着した蛋白やデンプンや油脂類を拭い去り、微生物の繁殖の温床を削ぎ落とすという衛生管理上の問題もありますが、それだけではなく、そのことを通して厨房機器類や厨房用具の本来の能力を回復させリセットする、いわば新品同様とするという効用を求めてのことです。包丁研ぎとおなじことなのです。鍋の底にわずかでも傷が付いていたりした場合には、確実にその鍋の調理能力は落ちることになります。こうした事態への修復行為も、清掃＝クリンリネスの重要な役割です。

続いて、⑧その料理にふさわしい「食器食具」類もあらかじめ調達されているか、皿の表面に傷がついていないか、テーブルナイフの切れ味はへたっていないかどうかといったことも見極めておかなければならないでしょう。この辺りは「客席部」スタッフが見つけてくれることも多いので、そうした連携プレーも要ります。ドリンク類のグラス管理やグラス磨きは「客席部」の業務に振り分けられているレストランが一般的のようです。

「厨房部」の人事

⑨「厨房部」全体および内部での人的配置の組み立ても重要任務です。「厨房部」全体を束ねる責任者を「調理長」といったり「シェフ」といったり、呼び方はさまざまですが、どのような人をどのような場所・時間に配置するかという目論みも彼らに託された業務任務です。たとえば、大型の宴会などの予約が入っていたりする場合の「厨房部」のスタッフのやりくりは、通常日の場合とは変更する可能性もあります。あるいはＶＩＰの来店が予約されている時も同様の配慮がありうるでしょう。

そして、彼らがさらに頭を悩ませることは、⑩スタッフの能力アップと⑪人事プロモーション（昇給・昇進提案）の見極めでしょう。スタッフの能力向上は、とりもなおさずそのお店の生産性を高めるための経営上の基本命題です。スタッフの能力向上は、料理の品質を高めて顧客の評価を得続ける上で欠かせませんし、新しいメニューへの挑戦度も向上しますし、調理時間や工程の短縮にも結果します。

「衛生管理問題」

最後に⑪「衛生管理問題」があります。「衛生管理問題」には、（ａ）物理的施設としての「厨房部」の衛生管理問題と、（ｂ）スタッフという人的な要素の衛生管理問題と、（ｃ）食材ならびに料理そのものに関する衛生管理問題があります。

ややピンポイントの例を（c）に関連して挙げておきます。それは、食材や資材を梱包している外包装の段ボールです。一般に食品工場を例にとりますと、原材料の外包材である段ボールは、荷受けエリアではいでしまい作業エリアには持ち込みません。外装材は、外気での取り扱い中にある程度汚染されているということを前提として取り扱うからです。レストランの厨房でも、これに倣って食材や資材を梱包している段ボールは厨房部エリアに入れないことが原則です。

さて、（a）施設面および（c）食材・料理面での衛生問題はいわずもがなということもあるでしょうから、ここでは（b）人的な要素について敷衍しておきましょう。

人的な要素の「衛生管理問題」

ある程度高級な専門料理店になると、「客席部」のスタッフは厨房内エリアには入らないという原則があります。「客席部」では、一般の方が顧客として客席空間を自在に振る舞われますが、顧客は、いわば店の外、外気で服についた埃など、さまざまな汚れた要素を店内に持ち込んでいる可能性があることを否定できません。その同じ空間で立ち居振る舞う接客スタッフとも、店内のどこでどのような交叉があるのかわかりません。ですから、「客席部」スタッフが厨房部空間に立ち入らないのは至極当然のことなのです。

また、厨房部空間に入る際には、「厨房部」スタッフは入念に手洗いをすることは無論のこと、アクセサリーなどを身につけず、ユニフォームなどに着替えます。特に靴の履き替えも重要ですね。外を歩いた靴は何が付着しているか不明だからです。髪の毛を束ねたり、キャップをかぶって髪の毛をそのなかに押し込んだりすることも同様です。髪の毛や体毛は、日々、膨大な本数が身体から脱離していっているといわれております。目に見えないレベルで、相当数の塵芥が空中に浮遊していても不思議ではないのです。

スタッフに定期的な検便を課しているところも少なくありません。本書では意識的にあまり大手チェーン店を念頭に置いた議論には踏み込まないようにしておりますが、スタッフの衛生管理問題では、大手チェーンに学ぶべきところが多くあります。たとえば、厨房部にとどまらず当日出勤してきたすべてのスタッフが、ちょうど病院に行ったときに記入を求められる問診票と似たような、身体のコンディションや気分を尋ねるチェックリストを記入することを最初の業務としているというチェーンがあります。見習うべきところと思量します。

以上のように「厨房部」といっても、日々お客さまをお迎えして、あらかじめ手順の決まったお料理を製造するだけという単純なことではなく、その所掌範囲と責任は相当なものだということが理解されたかと思います。

ところで、あらかじめ定まっている料理を製造する上でも大切な原理原則がありますので、次にこのお話に入りましょう。

料理を仕上げる「順番」と「時間」の瞬時設計

「厨房部」で料理を製作するときには、顧客（客席部）の観点から、いわば逆算して、料理製造の工程を瞬時に組み立てるということが求められております。

このことをやや単純化していうと、店内におられるお客様がお料理を注文するときのタイミング・順番はまちまちですが、①料理の提供はご注文された卓の順にお出しするという原則があります。平たくいうと、後から注文された卓のお客様のお料理が、より以前に来店され注文された卓のお客様のお料理よりも先に出されることはダメだということです。料理の提供卓の順番を間違えてはなりません。

同卓同時の料理提供

また②同じ卓に着席されている複数顧客に対しては、それぞれ異なったお料理が注文されていても、同時に提供しなければならないという原則があります。

ところが、料理の種類によっては、比較的簡単にできるもの、加熱などの時間が短時間で済むもの、工程数が少ないもの、盛り付けが単純なものなどがある一方で、逆に工程数も多く時間がかかるものもあります。この場合には、同卓のあるお客様の料理は、時間も工程数も多いので早く取りかかり、別のお客様の料理は、その料理のできあがりのタイミングに合わせて仕上がるように、遅れて作業開始するわけです。

また、厨房機器類も数が限られておりますから、どの機器をどの料理の順番でどのタイミングで稼働させていくべきかという問題もあります。細かいことをいいますと、ある機器類の置かれているところから料理製作途上のものを次の工程に移すために別の機器類へ移動させるタイミングとか、その間にスタッフの動線そのものも錯綜しますので、ぶつかったり邪魔し合ったりしないようにしなければなりません。これを一言で、「複数卓多数客の同時多数料理の工程交叉」問題といいます（茂木用語ですが、一言になっていませんね）。

よく映画（洋画に多い）などでは、比較的大型のレストランの厨房のなかで料理製作途上にシェフから大声で指示が飛んだり、ともすると怒号が飛び交うような雰囲気で料理に取り組んでいる場面が登場したりしますが、上記の事情を勘案しますと、映画の世界での絵空事の演出ではありません。むしろこうした映画のシーンは、リアルな厨房現場の再現とみるべきでしょう。

新メニュー導入の際の留意点

さて、ここからさらに応用問題として、新メニューの開発という難問があります。アイデアよろしくトレンディで魅力的な新メニューが開発できたとしても、それを実際に新メニューとしてメニュー板に掲げてしまって大丈夫かどうかということについては、上記オペレーション上の問題を何度も試行してからでないと実施に臨むことはできないということです。顧客が新メニューを注文した場合に、その結果として、どのメニューが影響を受けるのか、それによって厨房の現場に想定以上の負荷がかかったり、「食材移動交叉」や既存メニューとの「工程交叉」問題が生じたり、「スタッフ間交叉」が起こったりしないかなど、慎重な検討を要するものであるからです。さらに、「食材」は種類ごとに置き場が決まっていますから、新食材のストック場が確保できるのかという問題もあります。

「厨房部」のミッションと課題を以上のように整理してみますと、現実にはなかなか大変な現場であるということが理解できます。では、次章第1節では接客サービスを任務とする「客席部」について、第2節では「客席部」スタッフの能力について論じてみます。

「厨房部」の任務と役割一覧

項　目	任　務	主たる連携部署
料理（メニュー）	日々の料理製造	
	残渣（食べ残し）点検	客席部
	新メニュー開発	客席部
食材調達	食材発注・仕入れ・検品	支援部
	食材仕入れ先開発	支援部
在庫管理	食材在庫点検	
	食材廃棄	支援部
食器・食具管理	食器・食具点検	客席部
	食器・食具調達，廃棄	支援部
厨房設備機器管理	清掃・点検	
	厨房設備機器点検，メンテナンス	支援部
調理部スタッフの配置	調理部スタッフの配置	支援部
	調理部スタッフの人事管理	支援部
衛生管理	スタッフのコンディション観察・定期検査	支援部
	ユニフォーム・靴などの点検	支援部
	スタッフの衛生定期検査	支援部

第 4 章

「客席部」とはいかなる存在であるのか？

「客席部」と接客サービス

前章より、店舗運営の組織と構造について、具体的には、「厨房部」「客席部」「支援部」そして「店長」という組織機能を解説しています。前章は、「厨房部」のあらましについて解説いたしましたので、この章では、「客席部」のお話をいたします。

「客席部」とは、来店される顧客と接する部署のことです。店舗運営全体を束ね統括する「店長」を除くと、原則として「客席部」だけが直接に顧客と対面して接しサービスを施します。「厨房部」と「支援部」は、原則的に直接顧客にさらされることはありません。前章で「厨房部」は、そのお店の料理の製造一切に責任をもつ部署だと確認いたしましたが、実はその料理を直接にお客様にお届けするのは「客席部」の役割となります。ですから、私はしばしば、その店の「料理」を最後に完成させるのは「客席部」の機能であると説いています。

「客席部」のスタッフの料理のご提供の仕方次第で、お客様のお料理やそのお店の印象はまったく変わってしまいます。フードサービス業が〝サービス〟業ということばを内包しているのは、「客席部」におけるスタッフの接客サービスが、そのお店の価値あるいはそのお料理の価値を決定づけているからだと認識しなければならないと思っています。

お客様への接客の流れ

①	お客様のお出迎え
②	お荷物，鞄やコート，帽子などのお預かり
③	お席へのご案内
④	お料理の説明
⑤	お客さまからのご注文の承り
⑥	ドリンク類ご注文の承り
⑦	お料理やドリンクをサービス，配膳
⑧	お客様への介在（追加の承りなど）
⑨	下膳
⑩	会計
⑪	お見送り

「客席部」には、どのような仕事があるか

それではいったい、「客席部」の役割と機能にはどのようなものがあるのでしょうか。そして、「客席部」に携わるスタッフの「能力」にはどのようなことが求められるのでしょうか。この章では、まず（第1節）「客席部」の役割と機能について解説し、次に、（第2節）「客席部」に携わるスタッフの「能力」とはどのようなものかについて解説いたします。

ちなみに、本書では、接客用語やお辞儀の仕方や身だしなみなどに触れるお話はほとんどいたしません。実務的なそのようなお話を題材とした本は、比較的大きな書店に行けば山ほど見つかると思います。またそれに伴う「客席部」スタッフが顧客に施した感動的な

お話も同様です。本書には、そうしたお話は期待しないでください。あくまで店舗運営の組織機能という本質を念頭において議論を進めてまいります。

とはいいながらも、具体的な「接客部」スタッフの仕事の内容を理解しておかなければ話が先に進みませんので、まずは顧客の入店から退店までの流れに沿って、「客席部」において顧客とどのような接点・接客の場面があるのかということを簡単にたどっておきましょう。

第1節 「客席部」の役割と機能について

お店の外からお店の中へ

「客席部」スタッフが最初にお客様と接する場面は、①お客様のお出迎えです。馴染みのお客様でしたらお名前でお声掛けすることもあるでしょうし、逆に周囲の様子によってはお名前でのお声掛けを控えることもあるでしょう。ある程度高級なお店になると、お車でのご来店が一般的となります。この場合は、お車のキーをお預かりして、お客様のお車を駐車場へ移動させるという役割も生じたりしますが、わが国ではそれほど多くの例はみられないようですので、この話は飛ばしましょう。

次には、②お荷物、鞄やコート、帽子などのお預かりという仕儀となります。劇場やホテルなどではお馴染みのクロークルームは、わが国では略されてクロークと呼ばれ、さらには荷物預けそのものを指すように使用されておりますが、レストランでも同様の扱い業務が必要です。しばしば、コートをお召しになったまま、客席まで入り込んで、隣接する卓に着席している客のことなど意に介さずに、大きな仕草でコート（外套）を颯爽と脱ぎにかかる輩を見かけたりもしますが、マナー違反もはなはだしい行為でしょう。

客席エリアは、お料理の行き交う場ですので、マナーという以前に衛生管理に気を遣わなければなりません。ですから、お店の外、つまりどのような灰塵に交じって移動してきたかわからない状態のまま店内奥までお入りになり、清浄に保たれなければならない店内部で、コートを他のお客様やお料理の目の前で羽ばたかせるような行為はご法度です。

顧客がうっかりしてこのような店内行為に及ぶことがないとは言いきれませんので、そうした行為の誘発を防ぐ意味でも、店頭入り口でのお出迎えと一体となった接客対応は大切なことです。

また、お店の入り口に絨毯やカーペットが敷かれているのも、ある意味、外履きの靴の底を拭う意味があります。前章（「厨房部」の項）でも指摘しましたが、一般道路上にはどのような異物があるかもしれず、そのようなところを歩き回った靴の底には、何が付着しているかわかりません。ですからお客様が知らず知らずにそうしたものを店内に持ち込む行為を、できうる限り入口で防ぎたいのです。

客席部に置かれたバスケット

話は少々変わりますが、最近、お客様の鞄入れなどにお使いくださいといって、テーブル席の脇にバスケット（鞄入れの籠）を用意しているお店をよく見かけます。これは、クロークへの鞄のお預けを嫌うお客様への配慮として妥当なことですね。しばしば、ご自分の鞄を床に直置きされるお客様がいらっしゃるからです。床そのものは、お店の開店直後はきれいに磨かれていても、しばらくするとお客様の土足で汚された状態になっています。ですから、床への荷物の直置きは避けなければならないことです。

スリッパの不気味な？感触

話が変わったついでに、スリッパの話題をしておきます。

よく居酒屋とか日本料理店で、靴を脱がせてスリッパへの履き替えを強いるお店があります。このようなお店に、海外からのお客様をうっかりご案内してしまうと、その時はあからさまに物申さなくとも、後ほどご案内した方が評価を落とすことがあります。日本では、公民館や公共学校に行ってもスリッパに履き替えることが一般的で慣れてしまっていることなのかもしれませんが、誰が履いたかわからない履物を共有する行為は、相当に不潔感を喚起するものだということに気づいておくべきでしょう。ご丁寧に、最近は、このスリッパは〝消毒済み〟ですと入れ物に書かれている場合もあります。衣服履物は生活文化ですので、消毒済みかどうかを指摘しているわけではありませんよ。それに、そもそもこのような漢字を読める外国人はほとんどいません。でも、病院・医院でもそういう場面にしばしば遭遇しますから、なかなか難しい問題なのでしょうか。

それはともかく、お客様のお荷物やコート類のお預かりは、お客様が店内で身軽に身動きされることを助けることですので、お食事の卓を囲んでの時間をリラックスして過ごしていただくためには必要なことです。お食事という行為そのものは相当の運動動作を繰り返すことですから、そうした動作に負荷がかからないように身支度を整えていただいた上でお席へご案内するということは、お店側の当然の配慮です。あわせて、上記しましたように他のお客様への配慮ならびに衛生上の問題もありますので、けっこう本質的に重要なことなのです。

お客様のお席へのご案内

お店の入り口で、お客様のコートなどをお預かりしたら、③いよいよお席へのご案内となります。もちろん予約されてご来店されたお客様には、あらかじめ適切なお席がご用意されておりますが、ほとんどの場合は、その場その場でのご案内となります。チップ制が一般的な欧米などでは、サービススタッフの持ち場があり、かつお客様から頂戴するチップ額の多寡に直接にかかわりますから、お席へのご案内も真剣そのもので、必死に五感を働かせて、お客様の服装や仕草や会話などの些細な情報からどのようなお席がお気に召すのかを考えてご案内します。もっとも、いやらしくいえば、すでに上客が来店されている場合には、その周辺の席を空けるように他の新規客を離れた席に誘導する場合もありますが。

わが国でよくみかけるのは、テーブルを1つおきにしてご案内するとか、お客様ご自身に選択していただくなどの方法です。これらはおそらく、そのお店の方針としてスタッフに指示されている方法でしょう。わが国では無難な方法であることは確かで、決して間違っているとはいいませんが、難をいえばスタッフの力量は鍛えられませんね。ここはやはり店内のお客様のご様子をうかがいながら、あるいは短時間でもお客様と会話をして、最もふさわしいお席にご案内するという工夫が欲しいところです。

お客様の来店目的でご案内席が変わる

ご案内すべきお客様は、それぞれにご来店の目的が微妙に異なります。懇談目的で、ゆっくりとお話をしながらお食事を召し上がりになりたいのか、あるいは、同僚同士で、ある程度の時間で切り上げることを目論み、お席にお座りになるのか、当店自慢のお料理を堪能したくてご来店されたのか、それともグループで成り行きでご来店されたのか。お客様の人数の多寡も考慮条件です。

また、基本的なことですが、どのお方がゲストの役回りで、どのお方がホストの役回りなのか、そうした関係性はなくフラットな集いのお客様方なのか、そうした関係性によっては、店内における卓の位置や、卓を囲む席の配置状態との対応が重要な決め手になります。この場合は、お席へのご案内も、粗相のないように適切にお席への誘導を図らなければなりません。それをしないと、上座と下座を取り違えたりして、こだわる方がいらっしゃると、落ち着いて食事が召し上がれないということにもなりかねません。

既来店客、後来店客予測の時間計測

さらには、現在いらっしゃるお客様の退店見通し、営業の時間帯やご予約の状態から判断して、これからお見えになることが予想されるお客様のイメージと、今ご案内しようとしているお客様との距離感の遠近など、瞬時に判断しつつよりよいお席にご案内するように努めなければなりません。前章では、「厨房部」で複数組の顧客の異種類の料理オーダーに対して、「複数食卓多数客の同時多数料理の工程交叉問題」があるという言い方をしておりましたが、「客席部」スタッフにおいても、お客様のお席へのご案内の場面で、どのお方をどこの卓のどのお席にご案内するのがよろしいのかという「厨房部」「交叉問題」に匹敵するような瞬時設計問題があるということを確認しておきたいと思います。

ということは、「客席部」スタッフは、そもそも当該お客様がご入店の前に、これまで店内でお過ごしになられているお客様の様子をよくよく観察し、また開店前ミーティングで確認したこれからの予約客来店予定を時間計測しながら、常に現状の客席部全体を見回しておいてスタンバイしていなければならないということです。

お客様へのご説明

お客様をお席へご案内しましたら、いよいよ「客席部」スタッフの本領発揮ということになります。なにげない会話とともに④お料理の説明をいたします。本日の特別な食材や料理などは、もちろん開店前のスタッフミーティングで「厨房部」から事前に受講済みの知識です。お客様のコンディションやお客様相互の会話のやりとりなどを勘案しつつ、ご満足いただけそうなメニューを解説していきます。そして、⑤お客さまからのご注文をいただきます。その際には、お料理にふさわしい⑥ドリンク類をひとまずお客様の立場に立って選択代行し、その上でお客さまに決定していただきます。

ちなみに、いろいろなお店で体験するところですが、運ばれてきたお料理を前にしてやおらお料理の説明をするところが少なくないようです。が、杓子定規な言い方をすれば、お料理の説明はご注文前にしてこそ意味があることです。卓上にお料理を置いたら、冷めないうちにお召し上がりいただくことが本意ですから、スタッフの過剰な介在ははばかられるところです。

「厨房部」との連携

さて、「厨房部」に情報を伝えるときには、「厨房部」からは見えないお客様のコンディションやお時間の都合なども必須情報として伝えなければなりません。もしかしたら、お帰りのお時間にあまりゆとりのないお客様がいらっしゃるかもしれませんし、ご高齢のお客様が混じっていらっしゃって、ご注文のお料理のポーションやサイズが不釣り合いになるお客さまがいらっしゃる可能性もあります。これらの情報をつなぎつつ、お客様と「厨房部」とのコミュニケーションに介在することで、お客様のよりよい満足を実現していくのです。

そうして、頃合いを見計らって⑦お料理やドリンクをサービスしていきます。⑧その際、お客様の会話にさりげなく加わったり、お客様の会話が途切れたりした時には、ドリンクオーダーのお声掛けをしたりして、卓の空気地場を変えたり調整したりします。

お食事がお済みになられた⑨卓上のお皿を下げるタイミングも、同じ意味合いを有します。

お客様が食べ終わったからお皿を下げるのではなく、そうとは察せられないようにさりげなく、会話という舞台の場面転換を、下げ膳行為で演出しているのです。要するに、お料理をお出しするときのお声掛けや、グラスにドリンクを注ぐ行為や、空いたお皿をお下げする作業を通して、お客様同士の会話やコミュニケーションのリズムをつくったり、お話の契機を補助したり、お話の盛上げを陰で演出したりしているのです。

顧客の体験時間の演出

お客様は、押し黙ってお料理を黙々と召し上がることが目的でご来店しているのではありません。外食店舗という舞台に上って、食事という演技をしながらお客様同士のコミュニケーションを充実させておられるのです。こうした一連のお料理とドリンク類の提供および下げ膳、そして⑩会計までの顧客対応は、一般に接客〝サービス〟と呼ばれています。

会計が済み、お預かりした鞄やコートなども返却し、お忘れ物がないかも点検した上でお客様を⑪お見送りします。よく接客スタッフが店外まで出て、お客様にお辞儀をしたりご挨拶をしたりしております。もちろんこれは条件的にできる店ばかりではありませんが、ただお客様に、店内のひと時のよい思い出、よい記憶をお土産として持ち帰っていただくことに役だっているといえましょう。

さて、この章では、「客席部」の仕事の内容、すなわち接客の場面を一通り簡単に顧客の入店から退店までの時間軸に従って追ってみました。次節では、これらの「客席部」スタッフの「能力」にはどのようなものが必要とされるのか、それは顧客満足の観点からどのように位置づけられるものなのかという議論に進んでみたいと思います。

第2節　「客席部」スタッフの「能力」とは何か

論じられてこなかったスタッフの能力

第2節では、「客席部」を担当するスタッフの能力にはどのようなものが求められるかということについて論じます。筆者は、常々フードサービス業界について、サービスに関する議論にもできるだけ目を通すようにしているのですが、サービススタッフの能力は何かという議論が最もないがしろにされているのではないかと思っています。

「客席部」スタッフの振る舞いについて見かける多くの議論は、①具体的な接客用語や作業の解説、②おもてなしの心など抽象的な精神論と笑顔の作り方など表層的な各論、③いくつかの感動的なエピソードを紹介して読み手（スタッフ）のモチベーションを鼓舞するもの、にほぼ尽きると思っています。しかし、これらでは、店舗の「客席部」の役割と機能に基づいたスタッフの具体的な能力のあり方が解明されているわけではありません。本書では、なるべくこれらの既存の議論と重ならないように、「客席部」スタッフに求められる能力とは何かについて具体的に論じてみます。

顧客が「料理」に満足する3要件

「客席部」は、いうまでもなく顧客と直接に向き合い接客をする最前線スタッフです。顧客が当該店を利用した印象、顧客満足を決定付けるのは、その接客に当たるスタッフのサービスです。

では、顧客が満足する要因とは何でしょうか。第一義的には、「美味しい料理」であることは言を俟ちません。その料理は、顧客が接客スタッフに〝注文〟し、接客スタッフは顧客から承った注文「料理」を直接に顧客へ提供します。前章でも書いておりますが、「厨房部」で作成された「料理」を実際に顧客のテーブルに届けるのは「客席部」の役割であり、「客席部」スタッフです。その意味で、「客席部」スタッフは、顧客の「料理」の注文から提供まで、あるいは顧客が「料理」をお召し上がりになった後も含めて、その店の「料理」提供のすべてに責任を負う立場にあります。

的確な情報提供

では、より具体的に、顧客が「料理」について満足する条件を想定してみましょう。

顧客は、メニュー表を見て迷われます。その時に接客スタッフは、メニュー情報を的確に顧客に伝えて、顧客の判断材料を提供しなければなりません。あるいは、顧客の方から、本日のお薦め料理を尋ねられることもあります。お料理に合うお飲み物について尋ねられることは、ごく普通にあることです。

たとえば、中華料理などにあまり馴染みがないお客様ですと、いろいろな種類のお料理を注文されることがありますが、似たような調味のお料理をご注文の場合には、注文内容の変更をご案内したり、お料理をお出しする順番を助言したりすることも必要な役割です。

料理内容、すなわち、食材や調理法や調味素材などについて尋ねられることもあります。似た料理があった場合は、その違いをわかりやすく説明しなければなりません。最近では、食材の産地情報もお客様の関心事となっておりますので、食材の品種や部位だけではなく、産地そのものの地域事情なども提供すると喜ばれることがあります。ある意味で、「料理」情報に関しては、「厨房部」スタッフと同程度の知識情報を有しておかなければならないということです。いえいえ、場合によりますと「厨房部」スタッフ以上の関連情報が必要だというべきでしょう。

料理選択の納得感と店舗選択の満足感

なぜなら、顧客満足は、ただ単にお召し上がりになった「料理」が美味しくて満足したというだけではなく、自分が本日注文したメニュー選択が間違っていなかった、適切なものであったという思いをもたなければ満たされないからです。顧客＝人間は、実に複雑な心理で「料理」を味わいます。レストラン体験の全体印象は、「料理」を食したという行為だけではなく、自分自身の「料理」選択が適切であったという自分への満足を含めておもちになります。

「客席部」スタッフは、このお客様の全体印象をよくするための手助けをしなければならないわけです。おそらく、他店では入手できないであろう素材を用いた調味ソースであるとか、時期的に限定された希少な食材であるとか、といった説明も功を奏するかもしれません。上で産地の地域事情と書きましたが、たとえばその土地の環境がいかに優れた水質で満たされているか、大自然のなかでストレスフリーの健康感あふれる情景などが語られイメージを喚起されると、「料理」の価値も食する以前からいや増しします。そうしたお店の価値を訴える上では、いつ役に立つかわかりませんが、さりげなく競合店情報や業界動向にも目配せしておくことが求められるでしょう。

そうして、タイミング良く「料理」をお客様にご提供しなければなりません。

要約いたしますと、顧客にそのお店で「料理」に満足していただくということは、①スタッフから顧客へ「メニュー選択のための情報の提供」が的確に行われて、②顧客が「適切なメニュー選択」をされたと思うこと（思い込むこと）、③そしてその上で「タイミングの良い料理提供」がなされる、という3つの要件が満たされていなければならないということです。こうして、お客様は、本日この店舗を選択してよかったとご満足されるわけです。

「厨房部」への顧客情報の提供

以上で、顧客に対してその店舗や料理に関する情報を適切に要領よく伝える能力が、「客席部」の接客スタッフには必要条件であるということが確認できたかと思います。

次に、これは前章でも述べていますが、その日の顧客情報を「厨房部」に適切に伝える能力が必要です。一部にオープンキッチンと称せられるお店があって、「客席部」と「厨房部」があけすけに見通すことのできるお店もないわけではありませんが、店舗造作の主流は、「厨房部」と「客席部」とは空間的に区切られており、視覚的にもどちらからも見通せないという構造を保持しています。ですから本日の顧客の風体やお連れ様のご様子などは、「厨房部」からはうかがい知ることができません。

もちろん顧客からの予約段階で、来店予定者のなかにアレルギー症の方がいるかお伺いすることが一般的になっておりますが、それでも、予約段階と同じメンバーが揃うかどうかは不確定ですし、当日のメンバーの変更も随意になされております。つまり予約情報はあくまで予約情報であって、要は、実際に顧客と接してみないことには確定情報にはならないということです。

「厨房部」での顧客対応

そして、たとえば常連様にしても、その日のコンディションやお時間のご都合などは、顧客の会話や仕草などから「客席部」スタッフがそれとなくキャッチして想像していきます。そうした情報は、その都度「厨房部」へ的確に伝えられていかなければなりません。たとえば、今日の会食が何かしらのお祝いごとの食事会であるならば、それらしいお料理やデザートの盛り付けなどが工夫されることでしょう。しかしながら、「厨房部」では急にいわれても対応できませんね。ですから、少しでも早めにそうした情報を「厨房部」へ伝達する必要があります。

一例ですが、ある顧客が〝食が細い〟ということがわかると、お客様のご同意を得たうえでその方のポーションだけ小振りにして、お料理を揃えるということもありえます。このようなおもてなしは、あらかじめ「厨房部」にその情報が伝えられていなければできないことです。顧客の立場から見ますと、皆でコース料理をお召し上がりになっていて、そのお方だけその都度お料理を中途半端に残すということは気が引けるというものです。

以上のように、その日その都度に顧客に関する情報を「厨房部」へ適切に要領よく伝える能力が、「客席部」の接客スタッフには必要条件となります。

お客様と同調（共鳴・共感）する会話技術

こうした能力は、接客スタッフの観察眼と顧客とのコミュニケーション能力に裏打ちされたものです。つまり、「厨房部」情報を適切に顧客に伝える能力も、顧客情報を適切に「厨房部」へ伝える能力も、接客スタッフの観察眼と顧客とのコミュニケーション能力がなければ成り立たないものです。

リピーターとの会話

では顧客とのコミュニケーション能力とは、どのようなものをいうのでしょうか。常連様と一見様とでは、あきらかに話（コミュニケーション）の内容が異なりますね。

常連様の場合には、これまでの店舗利用実績があらかじめ接客スタッフの頭のなかにインプットされていなければならないでしょう。前回ご来店の時にお気に召されたお料理、前々回ご来店の時にささやかれたお料理とお飲み物の相性の評価、あるいはお連れ様が異なるとご注文の内容も異なるとか、これまでの利用実績のなかで蓄積されているさまざまな情報と突き合わせて、本日のお料理のご説明やご推奨の文句を考えます。常連客という間柄であれば、もしかしたら、スポーツや映画などご趣味に関係する今日のニュースや話題が先行するかもしれません。

初来店客との会話

一見様の場合は、常連様の場合と交わされる会話が異なります。まずはどのようにして当店をお知りになったかを察知することで、当店に抱いているお客様のイメージを想像することができます。そうしますと、そのイメージを損なわないような内容のご説明をし、あるいはそれを超える高尚感を匂わせる会話が仕かけられます。

顧客滞在時間全体を演出する

接客サービスの本務は、お客様にお料理を召し上がる時間を含めて、快適にお過ごしいただき、店内での滞在時間の全体に責任を有することです。そのためには、お客様と適度な距離を推し測りながら、時にはお客様同士の会話に介入することもあるでしょうし、会話が途切れた時には、さりげなくお飲み物を注ぐ仕草で、間をもたせることもあるでしょう。時には、お客様同士のお話が険悪な方向に進むように見えることもないとはいえません。そのような場合には、お料理の提供やお皿の下げで卓の場の空気を切り替えたりすることもありえましょう。

グラスや食器の料理との相性や、壁にかかっている絵画や卓に飾られている花が会話の継続を助けてくれるかもしれません。夜景のきれいなお店でしたら、眼下に見えるオブジェや見上げるタワーのいわれなども、会話のスパイスの役割を果たします。

ひとえに、お客様と同調（共鳴・共感）する会話技術が、お客様とのコミュニケーション力を形成します。ということは、そのお店の客層と釣り合いのとれる趣味や教養をたしなみ蓄えておくことが求められるのです。

顧客はレストランにおもてなしの代行を託している

お客様にはご来店の目的があります。商談でお見えの場合、デートでお見えの場合、謝恩や慰労が目的の場合、親戚との会合の場合、友人同士の懇親の場合などなど、どのような関係性でどのような目的をもたれてのご来店かによって、どなたがホスト役（幹事役という場合もあります）なのか、どなたがゲスト役なのかを見極めなければなりません。

なぜなら、お客様がレストランにご来店されるということは、ホストたるお客様がゲスト（主賓）たるお客様をおもてなしする行為をお店に委ねておられるからです。言い方を変えますと、お料理をお出しして楽しい時間を演出し、ゲストが心地よくお帰りになることが、ホストから託された店舗のミッションなのです。ホストの役まわりの顧客は、ゲストが満足されることをもって満足されます。ゲスト（主賓）側に同伴者がいらっしゃる場合には、さらにその方がゲストのゲストである場合が少なくありません。

ゲスト役の客が基準となる

という次第で、接客スタッフの気遣いには、顧客同士のなかでの役まわりに対応した順位と序列があります。通常、スタッフと最も多く会話するのはホスト側の顧客ですが、最も満足していただかなくてはならないゲストとは、スタッフはあまりたくさんの会話がないかもしれません。しかしながら、そうした場合でもお料理のお召しあがり具合や話題の基準は、そのゲストの方に置かれることとなります。

一口にコミュニケーション能力といいますが、レストランサービスにおけるその内実は、総合的な知性に加えて、社会関係を反映する人間関係の洞察力を含む重層的なものです。単純に、目先の相手との表層的な会話だけでは務まるものではありません。

レストラン体験の「思い出」を作る役

では、この節でのテーマを簡単に総括しておきましょう。

顧客満足の必要条件として、料理に関しては、客席部スタッフによるお客様の「メニュー選択の適性を担保する料理情報提供」、それに基づくお客様の「適切なメニュー選択」、そしてお客様への「タイミングの良い料理提供」が挙げられます。

そして、「客席部」スタッフの能力としては、「顧客へ適切な料理情報・店舗情報を提供」すること、「厨房部へ的確な顧客情報を提供」することが求められるのはもちろん、個々に微妙に異なるお客様の来店目的を察知し、その来店目的がかなうように「顧客との会話や仕草を通しての滞在時間管理（演出）」を行うということです。レストランのミッション（使命）が果たされるかどうかは、ひとえに「客席部」スタッフの力量にかかっているといっても言い過ぎではないでしょう。

「思い出の味」という言い方がありますが、これなども料理の味そのものではなく「思い出」という味付けの方が、物理的な味よりも勝るということですね。いかがですか、レストラン体験の「思い出」をつくるあるいは補助する仕事が「客席部」スタッフの〝サービス〟なのです。表現が適切かどうかはわかりませんが、店舗とは顧客と「厨房部」と「客席部」スタッフの知的ゲームを繰り広げる場のようであります。ですから、「客席部」スタッフには、この知的ゲームへのプレーヤーとしての参加自覚と意欲とが望まれます。あるいは、そうした知的関心を欠いてはゲームに加わる資格がないともいえるでしょう。

「客席部」スタッフの能力についての議論は以上ですが、関連して述べておきたいことがあります。

ファミリーレストランの接客サービスについて一言

それは、ファミリーレストランでの体験ですが、ファミリーレストランだけではなく、各所でも体験することです。

ファミリーレストランに入って料理を注文すると、かならず「ご注文を繰り返させていただきます」といって私が注文したものを再確認させられます。また、料理が運ばれてきたときには、どの席の顧客がどのメニューを注文したのかということを顧客に確認させて、配皿をします。一通りの皿運び（料理提供）が終わると、かならず「料理は以上でお揃いですか」と尋ねられます。

どの席の顧客が何を注文したのかということは、本来的には接客スタッフの管理領分です。

しかしながら、現実には、専門職スタッフではなく、パート・アルバイトが接客サービスを担当するというファミリーレストランの運営モデルでは、注文間違いを避けるということが接客法の優先順の最上位に位置します。したがいまして、こうした顧客とスタッフとのやりとりは接客法の必須事項で、合理的なことだとみることができます。また、消費者＝顧客もこうした（パート・アルバイト依存型）運営モデルをよくわきまえていて、いちいち注文メニューをスタッフに復唱してもらった方が安心できるという感想をもつ人が多数派であるかもしれません。

とはいえ、筆者のフードサービス研究歴の目からしますと、現代では常態化してしまったこうした顧客と接客スタッフとの定形文句のやりとりの意味について敷衍し、ある意味擁護し、ある意味批判しておきたいことがあります。

注文復唱が不満足をなくす

ファミリーレストランの登場は、1970（昭和45）年の「スカイラーク」（しばらくのち「すかいらーく」）国立1号店（東京・府中市）開店をもって嚆矢とします。当時は子ども連れの顧客は、そもそもレストラン入店をはばかられるという風潮の時代です。そうした時代に、ファミリーレストランはその名の通りに、家族＝子ども連れ入店を歓迎するという旗幟を掲げました。

ところが、実際にお子様連れの家族客のご利用が増え始めますと、なかなかに面倒くさい事態が頻出することになります。それはお子様のご注文がなかなか定まらなかったり、ご注文後に隣の卓に運ばれてきた料理を見て、目移りして、注文内容の変更を希望されたりすることがけっこう頻繁に発生することとなりました。

ファミリーレストランのバラエティに富んだメニューに魅了された結果だともいえましょう。そこでこうした現実に直面して「すかいらーく」の接客マニュアルに、お客様から一通りご注文を承った後に、もう一度確認するという項目が加わることになりました。つまり、ご注文の再確認というやりとりは、ファミリーレストランの顧客層に合わせた前向きな改善策として採用されたわけです。

実際に、お客様のご注文をスタッフが復唱するということになりますと、追加的な効用がありました。それは、復唱確認までして運ばれてきた料理を事後に変更してくれとはいえませんので、料理を待っている間に欲しくなった料理は、「これですべてご注文のお品はお揃いですか」とスタッフに念押しされることで、自然と追加注文という行為になるという次第です。あるいは、卓上にその家族の注文した料理が一通り並べられると、家族の誰かが注文した料理を自分も欲しいといってお子様が積極的に追加を望まれるということもあるのです。

まあ、良いように解釈すれば、顧客のためにと思って行った接客法の改変が、「食べたかったのに食べられなかった」という退店後の不満足感をなくすとともに、卓数あたりの注文料理数の追増をもたらすことにつながるというわけですから、見方によってはけっこう革新的な接客サービスの導入であったと評されることになります。

接客サービスはメニューが変わると変わる

とはいえ、当初のファミリーレストランでの顧客志向（子ども）の取り組みが、他の業態に無自覚的に惰性で引き継がれていることがあるとしますと、上述しましたように、顧客を煩わせるような接客サービスは本質的には外れているものだということを再確認しておきたいと思います。

否、ファミリーレストランにおいても1人で入店し、1品（たとえばランチ時にランチのみ）しか頼まなくても、「ご注文を繰り返させていただきます」とか、料理配膳後に「ご注文のお品は〝すべて〟お揃いですか」と念押しされると、さすがに煩わしく疑問の念を禁じえません。

繰り返しますが、どの席の顧客が何を注文したのかということは、本来的には接客スタッフの管理領分です。そう位置付けてこそ、スタッフの能力も日々磨かれていくというものです。

なぜ顧客は確認を強要されるのか？

もっとも、最近ではラーメン店で、注文内容のスタッフによる復唱と顧客によるその確認行為という光景がよく見受けられます。

これはまた別の理由があって、メニュープレゼンテーションの複雑化という理由です。麺の種類が軟から硬まで数種類、調味が塩・醤油・味噌など数種類、トッピングの具が数種類、これらのサイズが数種類、これらを組みあわせて消費者に選んでもらってやっと1品の注文にたどりつきます。注文する方も、最初にどのように選択したか忘れてしまうほどだといったら言い過ぎでしょうが、とにかく相互に確認作業が必要なことは理解できます。また、こうした店舗スタッフと顧客との声を出してのやりとりが、店の賑わいを盛り上げるというラーメン店ならではの効用もあります。

そういえば、今日では、ファミリーレストランタイプのお店でも、代表的なハンバーグ料理1つとっても、いろいろな副菜との組み合わせ（フライなどとのコンビネーションプレート）やソースの種類など多様化していますので、そういう意味では、上述したこととはまた別の意味で、注文したメニューを顧客に復唱して確認させるというやりとりが、ファミリーレストランでの接客サービスのスタンダードになっているのかもしれませんね。

最後にもう一言。それまでは文字で表記されていたメニュー表を、お子様がわからなかったり、はたまた読めなかったりすることに対応して、メニュー1品1品の写真を掲載してパンフレット仕立てとしたのも「すかいらーく」が始めた功績で、ファミリーレストランの面目躍如と評せられるべきでしょう。全品写真入りのメニューって世界的に見ても珍しいですよ。

コラム　機内食の評価調査結果の驚き

料理の美味しさや食された方の評価は、料理の味そのものだけで決まるものではないということは、すでに確認済みかと思います。接客サービスのあり方やお見えになられている他のお客様の雰囲気でも影響されるということは、本書でも繰り返し述べているところです。

最近、また別の角度から聞いた話がありますので、紹介したいと思います。機内食の評価についてです。少し前の出来事ではありますが。

ロンドン発東京行きの機内食の搭乗客の評価についてです。日本航空（ＪＡＬ）とＢＡ（ブリティシュエアウェイズ、英国航空といわれていた）とで、あるとき同時に機内食に日本食が出されました。もちろんＪＡＬではこの機内食に対する評価を両機の搭乗者に調査しました。その結果はというと、圧倒的にＢＡでの日本食の評価が高く、ＪＡＬでは低かったそうです。この調査結果を見て、ＪＡＬはたいそう吃驚したそうです。なぜなら、両機で提供されている日本食は、同じ機内食工場で作られていて、同じ仕様のもの、一言でいうと同じものだったからです。もちろんＣＡサービスではそのような差は出ていません。

結論をいいますと、このときの日本食の美味しさの差は、顧客の心理によるものだということです。

ありていにいいますと、日本航空で「日本食」が提供されても搭乗客はわりと普通のことだと受け止めてしまうのですが、これがBAだと、意外性をもって受け止められ、いわばその意外性という心理が美味しさを〝創る〟ということなのです。

ここでは心理と書きましたが、本文に照らすと「情報」ですね。イメージといってよいのかもしれませんが、顧客にあらかじめ提供される情報（顧客が抱くイメージ）が、料理を食する前から美味しさを決めているということです。

第5章
「支援部」とはどんなことをするところか？

一般企業とレストラン店舗

たとえば企業がメーカー（製造業）ならば、工場という生産現場の他に、総務や人事や広報や営業や研究開発（R＆D）などといった部署が本社にあります。この場合、こうした部署が工場から離れたところの建物にある場合もあれば、工場と隣り合わせて存在している場合もあれば、いくつかに分散して置かれている場合もあります。しかしながら、どこにあろうとも、およそ事業を営む上でこれらの部署はなくてはならない必須の機能です。

さて、フードサービスです。レストラン店舗です。

チェーンレストランビジネスであるならば、店舗とは別個に本部機構があり、上述のような部署や機能が本部機構において果たされていることはある程度自明のことと思われます。しかし、フードサービス事業の運営が当該店舗においてだけで自己完結的に営まれている場合は、こうした機能はどのように扱われているのでしょうか。

これまで、レストラン店舗の運営機構として「厨房部」「客席部」「支援部」そして「店長」という4つの機構があると説明してきました。「厨房部」は顧客への料理提供の一切に責任を有する部署であり、「客席部」は顧客への接客サービスに責任を有する部署であるということを説明してきました。この章では、「支援部」という機能について説明します。

馴染みがない「支援部」

「支援部」という言い方は耳馴染みがないかと思います。筆者以外おそらくどなたも使用されていないので、耳慣れなくても当然のことでしょう。そこで、まずわかりやすく「支援部」の機能のイメージを抱いていただくために、上で製造業を例に一般企業ではさまざまな部署・機能があることを述べました。あるいは、チェーンレストランであれば、本部機構がこうした機能を果たしているということを想起していただくと、そのイメージをつかまえやすいと思います。

ところで、私たちは、目に見える物理的施設を観察することで、ものごとをそのまま理解して受け入れてしまう傾向があります。レストラン店舗の内部を表面的に観察しますと、その面積・空間のほとんどが「厨房部」と「客席部」で占められておりますので、あとは「店長」が両部署を束ねて統括しているのだと思い込んでしまうことが一般的です。しかし店舗の内部にさらに立ち入ってみますと、「事務室」スペースや「スタッフの着替え用のスペースやロッカーの設置スペース」などを見かけます（食材の「ストックスペース」は「厨房部」の領分となります）。

ここで見かける「事務室」が、「支援部」としての機能を担うべき拠点スペースと考えられます。実際の物理的施設としての空間エリアは小さくても、その機能は重大で多岐にわたります。

「支援部」と「店長」は別々の機能

しばしば「事務室」が「店長」の居所空間だと思い込まれているとするならば、おそらくその店舗運営の「支援部」の役割業務が独り「店長」職で兼務されているからでしょう。確認すべきことですが、「支援部」と「店長」とは、店舗運営において相互に別の機能を分担しており、同一視してはなりません。

卑近なたとえで申し上げますと、レストラン店舗の店長が「支援部」の機能をもっぱら引き受けているということは、一般企業で「社長」（店長）が「総務」などの仕事をかけ持ちしているに等しいということでありましょう。一般企業では、「社長」の役割と「総務」部署の役割がまったく異なるものであることは容易に理解されるでしょう。しからば、レストラン店舗運営においても「店長」と「支援部」とは別の役割であり、別の機構であるはずです。

それでは、レストラン店舗運営における「支援部」の機能と役割はどのようなものなのでしょうか。以下に説明してまいります。

「支援部」の機能と役割

	項　目	摘要・事例
(a)	「顧客管理実務」	「顧客情報」の整理と管理 「顧客開拓政策」の管理，など
(b)	「従業員管理実務」	「従業員台帳」作成・保管 「出退勤管理」実務 「支給品貸与管理」実務 「保健衛生」問題 「有資格者リスト化」，など
(c)	「資産管理実務」	「資産台帳」作成 「現金出納管理」 「税務問題」 「各種契約書類管理」 「営業許可証」管理，など
(d)	「環境保全実務」	「店舗の内外装」分野 「店舗の周辺環境や立地」分野，など

「顧客管理実務」について

レストラン店舗における「支援部」の機能と役割を、実務ベースで4つの項目にまとめてみました。順不同ですが、（a）「顧客管理実務」、（b）「従業員管理実務」、（c）「資産管理実務」、（d）「環境保全実務」の4つです。以下にその内容を1つずつ具体的に見ていきたいと思いますが、これらは「客席部」「厨房部」「店長」の役割と一部で重なるところがあったり、相互に分担するところがあったり、補完し合うところがあったりすることは当然ありうるものとご理解ください。

ではまず（a）「顧客管理実務」についてです。これには2つの分野があります。1つは店舗にお見えになった「お客様に関する情報の整理と管理」です。2つ目は「顧客開拓政策の管理」です。

1つ目の「お客様に関する情報の整理と管理」では、「客席部」との連携が重要ですが、今はパソコンなどで個別データの整理保管と引き出しが比較的たやすくできるようになっておりますので、お店にお見えになった顧客情報をパソコンに蓄積していきます。顧客の直接情報は「客席部」で収集されますが、「支援部」では、それらを整理して使い勝手を良くするとともに、追加的な情報を補足していくという作業が課せられております。

たとえば、あるお客様のグループが会社の歓送迎会であったり、ある趣味の方々のご来店であったりする場合には、「客席部」スタッフを〝支援〟するために、プラスアルファの情報（その会社の概要やその趣味の動向などは、すぐにネットで検索できます）を得ておくことができます。次回ご来店の際に、その内容を「客席部」スタッフに伝えておけば役に立ちます。あるいはその趣味の会が定期的に開かれているとわかれば、その場で次回のご予約に直結するかもしれません。

「顧客開拓政策」について

続いて、（a）「顧客管理実務」における2つ目の「顧客開拓政策」について説明します。

最も典型的なものは、周辺事業所への働きかけです。わかりやすくイメージしますと、よく新規開店の前には、隣近所のお宅や会社事業所、役場や病院、集会場などにオーナーないし店長自らが出向いて、ご挨拶に回りますよね。わが国には盆暮れのご挨拶といった習慣もありますし、開店記念日とか春夏秋冬のメニュー改定の際にも、ご挨拶（マーケティング用語では「人的販売」といわれます）が試みられてよいと思います。商店会や商工会議所などの催事への参加も同様ですね。

ランチ営業しているお店では、ランチメニューのお届けや、日替わりサービスのご案内なども存外喜ばれるようです。会社事業所の勤務者がいわば社員食堂代わりに当店をご利用されるからです。

また、専門料理店では、日中の時間帯を利用して〝料理教室〟や特定産地（調理長やスタッフの出身地など）の食材を活用した〝フェア〟や〝料理教室〟を開催して喜ばれているところもありますね。東京あるいは大都会では、本人や家族など当該地ご出身の方々が楽しみにお見えになることもあるようです。というような次第で、このような「顧客開拓政策」の実現のための情報収集や実施計画立案なども「支援部」のありうべき機能でしょう。

「従業員管理実務」について

次に、（b）「従業員管理実務」について説明します。

店舗スタッフに関して記録されなければならない情報は、結構あります。

規模の大小にかかわらず企業経営あるいは店舗運営に携われば、否応なしに直面します。スタッフ採用の可否や配置、あるいは移動などは「店長」の権限であるにしても、現有スタッフの「従業員台帳」を作成し保管しなければなりません。

また、事業者は所得税の徴税代行者でもありますから、支払い給料などから所得税などしかるべく源泉徴収しなくてはなりません。これに失業保険や健康保険、労災保険など、従業員1人1人についてかなり多くの項目にわたる算定業務と、関係当局への代行納金をしなくてはなりません。税務問題ではまだまだ多くの事項がありますが、これらについては後項の（c）「資産管理実務」でも説明いたします。

「出退勤管理」実務

続いて、従業員スタッフの「出退勤管理」実務があります。特にスタッフに延べ数で多数のパート・アルバイトを擁する場合には、結構面倒くさい作業となります。労働基準法に一定期間の労働時間数、残業代の規定、休憩時間の確保、深夜労働の制限などさまざまな定めがありますので、これらを遵守する範囲でシフトを組まなければなりません。

また、留学生アルバイトの雇用については、現行1週28時間以内という条件がありますので、この時間をオーバーすることはできません。主婦パートの場合には、本人が被扶養者となっている場合ですと、年間103万円を超えないように出勤時間のコントロールを求められることがほとんどです（103万円を超えると所得税が発生する、130万円で被扶養者から外れる。2016年10月改定。社会保険への影響もあり、立ち入っては別途確認が要です）。学生アルバイトに店舗労働実務を頼り過ぎると、彼らの本業である学業での試験期間中には、出勤者が確保できないことも想定されます。

「出退勤」記録そのものはタイムレコーダーで簡単にできると思っても、その前提としての出退勤予定の作成、シフト管理は別物です。勤務時間に上記のようなさまざまなルールや個々の事情が付随してきますので、あらかじめそうした事情を折り込んだ上での勤務体制づくりが必要となるわけです。また、ことは労働時間＝金銭問題にとどまりません。一般的にも、有給休暇や福利厚生問題もありますし、さらにいわゆる店舗で従業員スタッフに提供される〝賄い〟もその一環としての給食費補助とみなされる範囲がありますし、所轄の税務署の見立てによっては〝現物給与〟とみなされて現金給与に加えられて支給給与が多く見積もられることもありえます。そうなりますと、上記した主婦パート、学生などの場合には大問題となりかねません。

同じことは、しゃれた制服や靴の支給の場合でもありえましょう。というより、常時に延べ数で多数のパート・アルバイト頼みとなると、ユニフォームやロッカーキーの持ち帰りや紛失、未返却問題など多くの問題が発生する可能性があります。果ては、勤務時には装飾品などはいったん自分の身から外しますので、思い違いで個人的な店外での紛失が、勤務中の紛失事件としてトラブルになることもありえます。いやはや、考えていくだけで暗澹たる気持ちになるかもしれません。

本書の読者にはレストラン起業を企てている方もいらっしゃるかと思いますが、いろいろ面倒くさいことが続き、起業意欲が萎えてしまわなければよいのですが。

「保健衛生」問題

続いて、「保健衛生」問題に触れておかなければなりません。なにしろ、扱うものが人の口に直接入るものですので、この点は他の業種と異なり、特に重要だという認識をもたなければならないでしょう。以前にも触れたことがありますが、スタッフの定期的な検便などや日々の体調管理などは、あらかじめルール化してその実績を記録し保管しておくことが肝要です。

関連して、昨今は、さまざまな国家資格、民間資格の有資格者をスタッフにラインアップすることも一部に有効な店舗PRの基本とする考え方もありますので、そのような有資格者のリスト化と更新時期のチェックも「従業員管理実務」の1つとなりましょう。さらにパート・アルバイトを含むスタッフがそうした資格試験にチャレンジする時には、実務での経歴が有利に働く（または条件となる）こともありますので、その場合の雇用証明の発行なども「従業員管理実務」に該当するかと思います（単なる雇用証明ではなく、期間や従業内容などの記入も必要な場合もありますので、具体的な話は各資格ごとに確認しなければなりません）。また、そうした資格取得を推奨するならば、教材費や検定料の補助や検定日の勤務の扱いも考慮しなければなりません。

「資産管理実務」について

「支援部」の3つ目の項目（c）「資産管理実務」について説明します。

およその企業事業所（店舗）でも、法務財務的に「資産台帳」を備えておかなければなりません。特にレストランビジネスでは、アパレルなどの小売業と異なり、「厨房機器」類、家具・調度といった資産計上しなければならない重装備資産が数多くあります。これらは減価償却の対象ですので、おろそかにはできません。また、メンテナンスや補修や更新の計画的な実施という観点からしても重要な実務です。

「現金出納管理」業務

同様に「現金出納管理」業務があります。とにかくレストランビジネスは、現金商売、日銭商売でありますから、日々の現金出納と帳尻合わせがまずは必須業務です。翌日営業用の釣銭の適切な金種ごとの用意も必要です。

最近はレジスターの性能がよくなり、カード決済や現金勘定もだいぶ楽にはなっております。しかしながら、レジスターにばかり頼っていられないお客さまもいらっしゃいます。業態によりましては、依然としてその場支払いではなく、後日の請求書によりお振込というお客さまもいらっしゃいますので、売掛金勘定と決済記録も記帳しておかなければなりません。

また食材の仕入や物品の購入は、その都度現金払いの場合が皆無とはいいませんが、継続的な取引ですと、月に1回程度まとめての実績支払いとなります。取引先が複数箇所でしたら、決済日（銀行振込日あるいは銀行から引き落とされる日）が複数日ありますので、その都度残高に余力があるかどうかを気を抜かずに確認する必要があります。ましてや小切手払いなどの場合には、より細心の注意が必要でしょう。というのも、いくら売上が大きくて儲かっていても、口座への入金見積もりミスがあって小切手が落ちなかった場合には、不渡りとなって直ちに社会的な信用を失ってしまいます。本書では詳述しませんが、フードサービス店舗では、仕入が膨らむ月と売上が大きくなる月がズレますので、特にこうした確認が必要となります。

いずれにしろ、会計的には元帳が作成されていなくてはなりませんが、今は会計ソフトがありますから仕訳は比較的簡単かもしれません。また、決算書の作成も要りますね。ただ、日々の営業記録と購買記録の作成ならびに月ごとの〆は、資金繰りの立場からは欠かせません。そして、店舗の営業計画を立てる上で「店長」に報告されるべきデータとして、これらの月々の推移や前年比などの加工データの作成も必須事項です。

「税務問題」

さて、「資産管理実務」の項の「税務問題」を忘れてはなりません。

営業していれば法人税（所得税）もあります。店舗を構えて営業している以上、固定資産税がかかってきます。

それから、消費税問題があります。現行では消費税が8％ですから、お客様からは本来の売り上げにこの8％を乗せた金額をお支払いいただいている次第ですので、これを定期的に税務署に納めに行かなくてはなりません（実際には、仕入にも8％分を上乗せして払っているので、その差額分ということになりますが）。

各種契約書類管理

さらに細かく見ますと、各種の契約書などその店舗の実情に合わせて他にもいろいろな事項があります。たとえば、火災保険など保険関係書類が各種ありますし、防犯関係の警備に関する契約、店が借地だとしましたら借地契約書、リースなどで設備を整えていればリース契約書、などです。

そうそう、忘れるところでしたが、店舗営業に先立って保健所に申請し、書面と実地検査を経て認可された「営業許可証」も、最も重要な資産管理対象でしたね。「防火管理責任者」証も同様と位置付けるべきでしょう。一定期間が経過すると講習会の案内も来ますから疎かにすることはできません。

「環境保全実務」について

そもそもフードサービス事業ないしレストラン店舗は、その内外装や周辺環境も含めて、清潔で美観を損なわずに適正な状態に維持管理されなければならないという事業の大前提がありますので、そのための諸事項を実務的に遂行するということが（d）「環境保全実務」です。

ここではこの（d）「環境保全実務」を形式的にいったん2つの分野に分けて説明してみます。1つは、自己の店舗の内部や外装に関する分野です。2つ目は、「店舗の周辺環境や立地」など自己店舗の外延に関する分野です。

店舗内外の「環境保全実務」

一般の会社事業所でも、そのオフィスを清潔で居住環境のよいように維持するのは当然かと思います。これは広くファシリティマネジメントと呼ばれている領域で、このことを心がけることで従業員満足度が高まり、その事業所の生産性が向上するといわれております。

レストラン店舗でも考え方は同様ですね。適正なファシリティマネジメントは、顧客満足と従業員満足の両方に効用があるとみなせましょう。あるいは大型のホテルなどでは、施設部や管財課といった名称の部署があり、常時、設備や建物周りを巡回して点検していることはご存知かと思います。小さなところではドアノブの具合が悪ければ修繕し、絨毯やカーペットに汚れが見つかれば補整し、壁にかかった絵画が斜めになっていればかけ直し、電球の球が切れそうになっていれば取り替え、ソファの座り心地に違和感があればスプリングなどをチェックして調整したり取り換えたりします。大型ホテルでは、客室の空調や水回りの苦情対応もあり、専属のスタッフが数人でチームを組んで巡回しているほどです。

レストラン店舗としてより重点的に気を配る必要のあるところは、「排水問題」「匂いの管理問題」「ごみ処理問題」があります。これらには、定期的な計測や目視（人鼻）によるチェックがシステム化されていることが必要です。定期的に外部のモニターや専門家へ依頼することも一考の余地ありです。

また、従業スタッフは、慣れ親しんだ行動パターンで日々行き来しておりますので、意外と外の看板の汚れや破損や照明の不具合に気付かなかったりするものです。エントランスに設置した花壇の管理や植栽による誘導路なども同様です。樹木草花といった植物は、気候・季節で生育・変容していきますから、その管理も気が抜けません。内外に配置した掛け時計の時間表示がズレてしまっていることもありえます。

以上のようなことに対しては、店舗スタッフの誰でもが気にして、気づいたらそれなりの処置をしなければなりませんが、「厨房部」は料理製作に忙しく、「客席部」は目前の顧客への優先対応が求められておりますから、両部とは分担する役割を相対的に区別する「支援部」が総じて責任をもって対処すべき事柄であるということになります。

ておりますす。

店舗周縁の「環境保全実務」

続いて、「店舗の周辺環境や立地」などに関する事項です。周辺環境や立地は常に変化しております。

これまでは通りから見えやすかった店舗のエントランスも、近所に新しくできた建物やビルの陰に隠れてわかり難くなっているかもしれません。季節がら、近隣の商店の売り出しシーズンのデコレーションで視認されなくなってしまっているかもしれません。しばしば、店舗前道路での工事のため迂回を余儀なくされることがあるとか、臨時通路に誘導されることもありえます。さらには、競合すると思しき店舗の出店計画が進んでいるかもしれません。これらは、いずれも事前にある程度、地域との交流があれば事態が先読みできて、対処法を考える時間が確保できることになります。

逆の場合もあります。近隣の公園に新しい遊戯用具が装備されてお披露目会があったためにお店の認知度がいや増ししたとか、周辺の集客施設のイベント情報が前もってわかっていたので、当日の店舗への入り込み対策が講じられたとか、まあキリがないですね。

いかがでしょうか。実は従前フードサービス業界では、これらの事態への対応はもっぱら「店長」に任せっきりではなかったでしょうか。あるいは、その時々で、スタッフ全員が総がかりで対処することの繰り返しではなかったでしょうか。そう言えば格好いいのかもしれませんが、悪態をつけば、行き当たりばったりのドタバタの繰り返しではなかったかとはいえませんか。

悪い見方をしますと、「店長」の過重労働、無計画で効率の悪い対応、スタッフ全体のチーム力の分散と重複、総じて、生産性の乏しい対応であったと。

「支援部」機能の明確化が生産性を高める

本書で、特に「厨房部」「客席部」「店長」と並んで「支援部」に独立した説明の章をとったのは、これまでフードサービスビジネスにおいて、この「支援部」（呼び方はなんでもよいのですが）を明確に位置付けすることが等閑視されてきたのではないかと考えるからです。もっといえば、この「支援部」の機能と役割を明確にし、店舗運営においてこの部署の役割を重視し、掘り下げていくという方向を有さないと、業界全体の生産性が低位に放置されたままとなりはしないかと危惧しているのです。

フードサービスビジネスの社会的価値の向上への「支援」、市場変化への対応力の向上への「支援」をより具体的に担う「支援部」をかように位置付け実践することが、フードサービス業界の将来にとって有効と思量し提起するものです。

「支援部」業務の外注という方法

ところで、これまで述べてきた「支援部」業務のうち、2番目（b）「従業員管理業務」と3番目（c）「資産管理業務」の項目は、社会的に共通な基本的な約束事に基づくものが少なくありません。また、その性格上、最終的には数値や書面で確認したり保全したりする事項が多いので、前者（b）「従業員管理業務」関係でしたら社会保険労務士に、後者（c）「資産管理業務」でしたら公認会計士という専門職の方々（事務所）に、税務関係を税理士にお願いすることがよくあります。その際に当店を担当されるそのような方々が、いろいろと助言してくださったり、改訂された現行法規に準拠するようにただしてくださったり、さらに経営上の悩みなどにも相談に乗ってくださったりすることがしばしばあります。言ってしまえば、コンサルタント業務の一角を合わせて果たしてくださっているということになります。

これに対して、1番目の項目（a）「顧客管理実務」と4番目の項目（d）「環境保全実務」では、上記2項目（b）「従業員管理業務」および（c）「資産管理実務」のように社会法規などある程度の共通の目安になるものがあまりありません。つまり、その店その店で対応すべき現象や事柄などが異なっていて、それへの対処法もさまざまに考えられますし、創意工夫の余地もはなはだ大きいということになります。

「支援部」とコンサルタント

実は、斯界には、コンサルタントという専門職の方々が膨大数いらっしゃいます。この方々は、レストラン店舗側から直接的には売れ筋メニューを教示して欲しいなどとして依頼されることが多いと思います。もっと端的に、当店の売上を上げる方法をぜひ教えて欲しいといわれます。要するに、依頼するレストラン店舗の側からは「厨房部」と「客席部」マターを意識して依頼されているのだと思いますが、そうした場合に、コンサルタントの方々は存外、店舗回りの観察から始めて、店舗周辺の清潔さとか、看板の見やすさとか、店舗意匠の見栄えなどからチェックされ、手を付けていくことが多いですね。そうして、少しだけ店舗意匠を直したり、店内の装飾や家具を移動させたりするだけで、思いのほか見違えるようになって売上がみるみる向上していくという事例はよくあることかと思います。

本章との観点で言い直しますと、コンサルタントの方々が存分に腕をふるわれるのは、もちろん直接には「厨房部」や「客席部」関係でのお仕事に目が行きがちなのですが、より実態的には「支援部」の場面での具体的な改変が少なくないということができます。というよりも、「支援部」がしかと位置付けられていない店が多いので、「支援部」業務そのものを立ち上げ構築するという手法が有効なのだということなのでしょう。

繰り返しますが、フードサービス業界の生産性を向上させる上で、「支援部」の〝発見〟

と再構築は、必須かつ有効な事柄だと思うところです。

「支援部」とIT

「支援部」に関する基本的な説明は以上でなされたかと思いますが、「支援部」業務に密接に関係する2つの話題に触れておきます。

1つは、「ぐるなび」などITを舞台にしたレストラン店舗の「支援部」を支援する事業者の存在についてです。いま1つは、レストラン事業者の社会活動についてです。

前者の事例としては、「食べログ」や「ホットペッパーグルメ」などありますが、本書では「ぐるなび」を挙げておきます。

「ぐるなび」は、本章でいう「支援部」の典型的かつ代表的な代行業ともいえるでしょう。「ぐるなび」はレストラン店舗の公式HPとして、レストラン側で随時に店舗情報やメニュー写真などを簡単に入れ替えできるシステムを背後で提供しています。さらに、「ぐるなび」を通じて予約されたお客様のビッグデータを加工して、レストラン店舗への活用に供しています。また、さまざまなプロモーション企画を提案したりしています。

メニュー情報の外国語自動変換システム

なかでも筆者が注目しておりますことは、メニュー情報の外国語自動変換システムです。飲食店側画面サイトの一角に、自店のメニュー名をメニューマスターベースから選択するだけで、外国語表記に自動転換してくれるというシステムが稼働を開始しました。

そもそも日本語のメニューは勝手な修飾語がたくさんついていて、そのまま直訳しても意味が通じないものがほとんどです（朝どり野菜の何とかサラダとか、〇〇に優しいコラーゲン鍋とか）。これらをその外国での標準的なメニュー表記に転換し（2300種のメニューマスターから選択）、あわせて、食材1000種類、調味料400種類、料理法40種類の3つの項目を選択します。これをそのままプリントアウトしますと、日本語の通常HP上に載せている写真とともに、外国人にそのメニュー内容がよくわかるカラーでのメニュー紙が自動的に出力されますので、この紙を外国人顧客に見せれば、メニュー説明の大半は完了するという次第です（選択肢カテゴリー数は2016年初現在で、順次拡大中です）。

外国語も英語、韓国語（ハングル）、中国語（簡体字）、同（繁体字）、そしてタイ、マレーシアと順次拡充しつつあります。外国人客の増加がいっそう勢いを増すという流れのなかで、力強い有意義な「支援部」代行業の面目躍如と評せられましょう。

「支援部」とCSR

2つ目は、一般の企業でいえば「CSR」活動というのでしょうか。「CSR」とは企業の社会的責任と訳されておりますが、その企業の本来の事業活動が社会的に有意義なものに展開するように配慮するとか、その企業の経営資源を活用して社会活動を推進するとか、さらには慈善活動に積極的に取り組むとかの活動のことです。

たとえば、レストラン店舗での身近な例としては、そのお店が、開店記念日の行事として、日中に周辺の施設の子どもたちを招待して、お料理を提供するということを続けていらっしゃるところもあります。

かつて、あるファミリーレストランでは、出店のたびに、そのお店から最も近い福祉施設の入所者を新規開店前の行事としてご招待することを実践しているところがありました。この場合には、接客スタッフも慣れないなかで苦心する場面もあるようですが、意図せざる結果として開店後のスタッフのモチベーション向上にも寄与するようです（郊外のファミリーレストランの場合には、店舗リース方式をとりますので、その建物土地のオーナー様が地元の方であり、地域へのご挨拶にもなります）。

味覚の授業「KIDSシェフ」活動

また、有名な話としては、三国清三シェフ（日本フランス料理技術協会）とヤヨイサンフーズ（旧ヤヨイ食品、主に学校給食用業務用食品メーカー）が組んで中心となり、全国の小学校を巡回して実施している味覚の授業「KIDSシェフ」活動があります。2000年に第1回を実施し、2015年11月で第50回を数えました。小学生は1年間かけて準備し、周辺地域の食材を調べたり自分たちで育成したり、さらには試作料理を作ったりして、その日に備えるという本格的な味覚教室です。

さらに、3・11を機に多数のレストランシェフ関係者・団体などが被災地などにおいて多数の催事を継続している様子は、マスコミでもときどき報じられているところです。

これらを実践する上でのさまざまな実務を中心的に担うレストラン店舗の部署が「支援部」であることは言を待ちません。

コラム　顧客が役職昇進をするお店

「塚田農場」（エーピーカンパニー）というブランドがあります。業界ではつとに有名ブランドですので、お店の紹介は省きます。広義には居酒屋業態ですので、会社帰りの企業人を主たる想定客層としています。ここでのサービスは、関係方面からも大注目を集めております。チェーン店ではありますが、わかりやすくユニークで優れた事例なので紹介したいと思います。

それは、お客様の通われる来店頻度に応じて、企業での〝出世双六〟のように、名刺をいただけるということです。最初は「主任」の名刺なのですが、2回目からは「課長」に、さらに5回通うと「部長」の名刺に格上げされていきます。おわかりになりますか。会社の同僚で連れ立って行くと、同店内では、役職上の位置が逆転している場合があるのですね。実の会社では女性の平社員が、この店のなかでは「部長」だったりして、会社の実課長からお酌をしてもらったりして楽しんでいます。お店での役職は、続いて「専務」（10回）、「社長」（12回）、「会長」（15回）、と段階的に上がっていきます。さらに「?」（延べ51回）という、クレジットカードでたとえると「ゴールド」の上の「ブラック」のような名刺もあるそうで、こうなると水戸黄門のご印籠のような威力で、店内にも名札が掲示されるようです。

お店側の「顧客管理」の面からも、接客スタッフの誰でもがお客の名刺の肩書きを見ることで話しかけやすくなりますし、そのお客様の店舗利用の体験値がわかるわけですから、たとえばメニューのご説明の深度をどの程度したらよいかなど接客の壺もわかるわけです。

一般企業でいえば「R&D」（開発）という部署で設計され開発されるサービスシステム（サービスはフードサービスビジネスでは商品そのものです）と思いますが、本文との関係で指摘しますと、「名刺」の印刷のことなどもあり「支援部」という機構がないと、仮にあるスタッフがそのようなアイデアを思いついたとしても導入は実現されないまま放置されることになってしまうでしょう。

なお、大久保伸隆（同社副社長）『バイトを大事にする飲食店は必ず繁盛する』（2016年3月刊、幻冬舎）には、上の「課長」以上の名刺をもったお客様は「全店舗で約88万人を超え」、「部長」は「12万4千人」いると書かれています。ほぼ同時期に直接うかがった話では、「?」名刺保持顧客は1千3百人にも上ると仰っておりましたので、この「名刺」作戦の威力は絶大と存じます。

第6章
「店長」とはどのような人か

「店長」のイメージ

いよいよこの章からは「店長」を論じます。いうまでもなく「店長」はそのお店を代表する顔であり、またそのお店の運営責任者です。

皆さんは、「店長」と聞くと、どのようなイメージをもたれますか。なにか忙しそうにいろいろな仕事を遂行している有能な人だとか、責任感が強そうでお店のスタッフの最前線で陣頭指揮を取っている頼もしい人とか、そのようなイメージでしょうか。業界では、しばしば「有能な店長」という言い方があるようで、この場合の「有能」とは、おそらくそのお店の想定売上高を越えて良い業績を出し続ける人というような意味でしょうか。

いやいや本書は、こうしたイメージや「店長の能力」を語るものではありません。本書では〔1〕「店長」という機構の使命（ミッション）と、〔2〕「店長」という機構の具体的な役割の2点を説明していきます。そもそも「店長」にはどのような使命（ミッション）が課せられていて、どのような役務があるのかということを論じます。したがいまして、「店長の能力」とは、そのミッションを遵守して、第2節以降で述べる役務を滞りなく遂行する能力のことであるということができましょう。

ところで、1つだけ確認しておきたいことがあります。

「店長」は店舗運営の最高責任者ではありますが、その店の経営者であったり出資者で

店舗の運営組織（再掲）

店　長（第６章）		
厨房部（第３章）	客席部（第４章）	支援部（第５章）

あったりすることとは同義ではありません。

たとえば、支店を出すとか、閉店を決めるといった経営判断は、経営者が下すものです。一般には「オーナー店長」といって出資者と経営者と「店長」とが同一人物である場合も少なくはないのですが、本書では、ひとまずレストラン店舗運営の最高責任者としての「店長」とは何かについて論じてまいります。店舗運営と経営者との関係は、ここでの「店長」論の後の第7章で論じます。

第１節　「店長」という機構の使命（ミッション）

３つの事項

「店長」の使命、目的はただ1つです。もっともこの目的のために2つのことが付随しますので、都合3つを挙げることになります。

中心的使命は、①その店の「コンセプトを維持して、顧客満足を実現すること」です。そうして、この目的のために②「全スタッフにその店のコンセプトの共通認識を図り、彼らの行動振る舞いをこの目的に収斂させる」ことです。そして、③店舗運営の実際がこの「コンセプト」とズレていないかどうかを経営陣に報告することです。

「コンセプトを維持して、顧客満足を実現すること」

レストラン店舗には、その店固有の「コンセプト」があります。「コンセプト」とは、想定される顧客の来店動機に合わせた「料理」「サービス」「雰囲気」が提示され、来店客の利用経験が重ねられるなかで、来店客と店舗側とで摺り合わせられ磨かれてきているその店のありようのことです。

これまで使用してきた「業態」も近い感じがいたしますが、「業態」はいわば一般名称、「コンセプト」は固有名称というとわかりやすいでしょうか。「業態」は類似の店舗群を指すことになりますが、「コンセプト」とは1店1店それぞれの固有性を主張した概念です。

回りくどい言い方になりましたが、要は来店されるお客様が気に入っているそのお店の個性のことです。これも以前に使用した言葉では、お客様とそのお店との契約書という言い方もできましょう。お客様は、その「コンセプト」の実現形としての「料理」「サービス」「雰囲気」を体験されに当店にお見えになっております。

店舗は「コンセプト」を維持することで、お客様のご満足を得られます。顧客満足は、継続する顧客来店を担保し、新規顧客の来店を誘引する本源です。別の言い方をしますと、「コンセプト」とはお客様から託された期待であるともいえます。お客様の期待を外さないことで、引き続きの顧客の来店が約束され、かくして店舗営業の継続が実現され、その結果として、事業継続のための収益がもたらされるというわけです。

という次第で「店長」の使命は、ひたすら「コンセプト」を維持して、顧客満足を実現すること」です。

全スタッフとのコンセプトの共有

レストラン店舗運営は、「店長」独りでできるものではなく、組織を挙げてのものです。したがって、「コンセプトを維持して、顧客満足を実現する」ためには、その方向に向けて全スタッフが一致して当たらなければなりません。

そうはいっても、対顧客との現場では、どのようなことが起こるやもしれず、顧客の振舞いや注文付けもどのようなことになるのか予測不能な側面が必ずあります。〝サービス業〟であるからにはいちいち「店長」の指示を仰がずとも、顧客などに対して即座に対応しなくてはならないことが多くあります。そうした際に、スタッフが顧客対応のよりどころとするところは、その店の「コンセプト」に照らして適か不適か、あるいはよりその店の「コンセプト」にふさわしいかどうかということです。

事例＝物語の束

したがって「店長」は、当該店の「コンセプト」の認識がスタッフと共有されているかどうかに常に腐心しなくてはならないのです。たとえば、店内ミーティング、スタッフミーティングなどでは、しばしば、そのお店に来店された顧客への対応で、喜ばれたことなどの経験を報告しあう光景があります。これこそ、そのエピソードを通して、その店の「コンセプト」が具体化されたサービスの物語として事例学習の蓄積を図っている場なのです。

「コンセプト」を言語で言い表すと、ある程度の輪郭を表現することができるにしても、無数に現示されるスタッフの選択肢に対しては、どうしても抽象的にならざるを得ないところがあります。したがいまして、スタッフに対してはいわば事例の束、多数に提示される事例を理解することで、各自が抽象化して胸に落としておいてもらうこととなります。

日ごろのスタッフの立ち居振る舞いにこまごま注意やアドバイスをするという「店長」の行為、そして「厨房部」の長、「客席部」の長の行為は、そのスタッフの立ち居振る舞いがその店の「コンセプト」に合致したものであるかどうかを常にスケールしつつ「コンセプト」に合致すべく修正したりしている仕儀なわけです。

「店長」の使命が②「全スタッフにその店のコンセプトの共通認識を図り、彼らの行動振る舞いをこの目的に収斂させる」ことであるというのは、具体的にはこのようなことです。

経営陣への報告

さて、そうして店舗スタッフがその店の「コンセプト」の維持に邁進していたとしても、細部では常に綻びが生じます。

ある程度の期間にわたってお店の営業を続けていますと、お店の設備や装飾なども老朽化したり退色したりすることは否めません。お客様の入れ替わりもありますし、お客様ご自身の生活意識も変わっていきますし、社会や時代の変化もあります。

したがって「コンセプト」は細部で常に見直しがなされていなければならないのですが、しかしながら、お店そのものが「コンセプト」を遵守してしっかり営業していても、お客様の足が次第に遠のいたり、周辺の立地環境が少しずつ変わってきたりして、営業収益に影響が出ることは一般論としては常に予想される事柄です。

「コンセプト」の見直し

そうした場合には、ある時点で、つまりその店の営業業績の退潮傾向が確実視される時点では、「コンセプト」そのものの大胆な見直しが求められることとなります。

この見極めは、日々の営業数値の傾向的確認だけでは難しいところがあります。もちろん、そうした傾向分析には常に注意を払わなければならないことですが、レストラン店舗は、マスコミの動静から周辺の催事まで影響要因が膨大にあり、どこまでが一時的な現象でどこからが傾向的な現象かを見定めることが難しいのです。

それはともかくとして、店舗運営の最高責任者としての「店長」は、常に「コンセプト」のあり方をめぐって自問自答を繰り返す存在です。

そして、事態が悪化する前に、すなわち営業数値の傾向的現象が鮮やかになる前に、あるいはその思いが杞憂であるにしても、そうしたことに陥ったと思われる要因を検討して、「コンセプト」の見直し、ないしは変更という選択肢を含みつつ、現状を総括するという業務が求められます。

「店長」は、その店の経営者あるいはその店に出資している経営陣にたいして、この総括したところを至急報告しなければなりません。あるいは、「コンセプト」のあり方をめぐって、修正するのか、大胆に変更するのかの問題提起をすることになるかもしれません。

もちろん、「店長」の定時的な業績内容の経営陣への報告は、「店長」の基本業務の1つです。しかしそのなかに、たとえば客層の変化などその店の「コンセプト」の維持にかかわることでの変化が感じられることがある場合には、その内容も含めての報告が重要といえます。

逆の例として、お店が繁盛しすぎて営業規模の拡大を目論む場合もありましょうが、この場合も拡大策の実施の暁には「コンセプト」そのものに揺らぎが生じますので、検討そのものは慎重な構えが求められます。この辺は、最終の第7章で再論しそこで立ち入ることといたします。

売上目標値の達成は「店長」のミッションか？

ここからは、蛇足かもしれませんが、これまでよくみられる「店長」像との相違について、やや一方的な見方がありうることに触れておきます。

しばしば、大手チェーンレストランなどで見聞きするところでは、経営陣が設定する売上高目標値がありそれを達成することが「店長の使命」であるかのように認識されている向きが少なくないということです。そして、そうなりますと、同じように店舗営業に要する経費についても目標金額が下達されていて、それをその範囲内に収めることが「店長の使命」であるというように自然に認識されてしまいます。これらの店舗では「厨房部」でも「客席部」でもパート・アルバイト頼みのところがほとんどですから、そうしますと、パート・アルバイトの雇用予算金額に応じて彼らの出勤をコントロールすること、いわゆるシフト管理が「店長」の主な使命とされてしまいます。また、それらの結果として、営業利益を多くもたらした「店長」が「良い店長」であるというようになってしまいます。

数値管理に邁進させる「店長」論に異議あり

筆者は、こうした「店長」実務論が蔓延しているならば、それは大いに異議ありと思っております。もう少し続けますと、こうした「店長」論に依存していると、フードサービス業界のあるべき魅力を伝えることができないまま、この先々も社会的な評価が得られず、よき人材が育たない、集まらないという愚痴が繰り返されるのではないかと危惧しております。

もちろん、筆者とてこのような売上目標値や経費目標値、人件費目標値の提示それ自体を否定するものではありません。しかしながら、それらが「店長」の本来的使命とされることには異議があるというものです。もちろん、チェーン店であるか個店経営店であるかを問わずです。

営業面や経費面を含めての「店舗」の数値管理そのものは、後の節で説明しますように「店長」が担うべき本来的業務の1つであるということは間違いのないことですが、しかしながら、この事項が「店長」の使命（ミッション）そのものであるとされてしまうと、本来

「店長」の使命（ミッション）

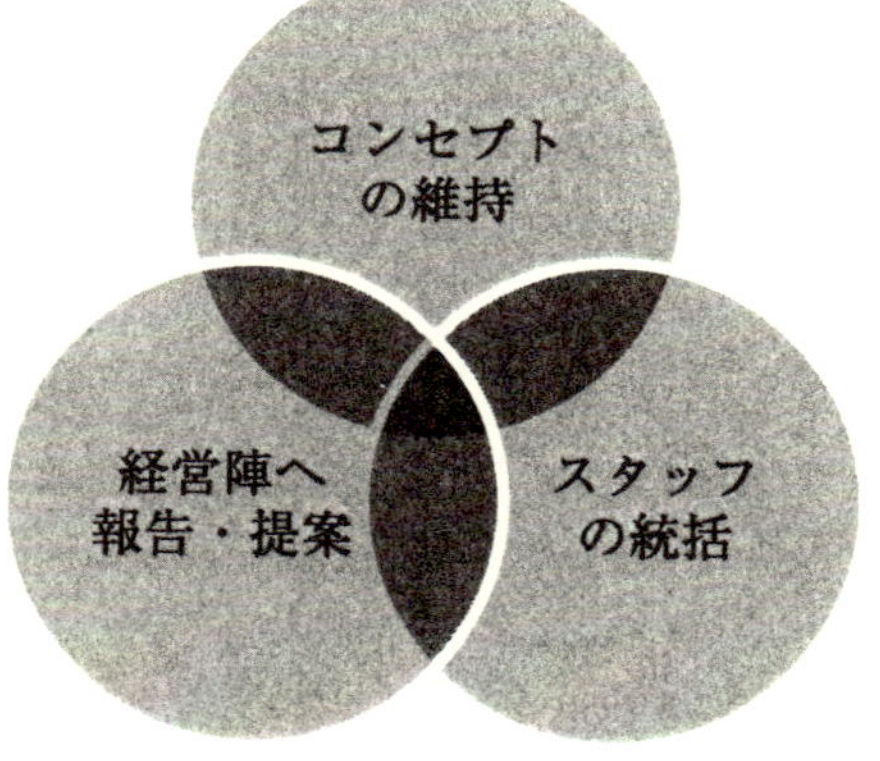

の使命（ミッション）が脇に追いやられてしまうことになりますので、そのことを危惧するのです。

ともあれ、以上に〔1〕「店長」という機構の使命（ミッション）である3つの事項、「コンセプトの維持」、「コンセプトのスタッフとの共有」、「経営陣への報告」について説明いたしました。次には、〔2〕「店長」という機構の具体的な役割、具体的な業務について説明していきます。

第2節　「資産管理」

「支援部」の「実務」、「店長」の「判断」・「決断」

レストラン店舗の運営機構として「厨房部」「客席部」「支援部」そして「店長」があると、こ

「店長」の具体的な役務一覧

①	「資産管理」
②	「人事管理」
③	「顧客管理」
④	「経費コントロール」
⑤	「販促計画と実施」
⑥	「地域対応」
⑦	「競合店研究と対応策」
⑧	「危機管理」

れまでの章で説明してきました。「店長」は、前3者「厨房部」「客席部」「支援部」を束ねて、店舗運営全体を統帥する機構です。

それでは、店長の役務を具体的に列挙してみましょう。はじめに、項目だけ書き出してみます。「資産管理」「人事管理」「顧客管理」「経費コントロール」「販促計画と実施」「地域対応」「競合店研究と対応策」「危機管理」の8項目です。

何か釈然としませんか。メニューやその価格を決めるのは最終的には「店長」ですよね。そうなのですが、この話はすぐ後ほどに改めて登場しますので、しばらくお待ちください。

ところで、上記した8項目のうち前3項目は「支援部」の役割と重なります。前回書きました「支援部」の役割では、「顧客管理実務」「従業員管理実務」「資産管理実務」「環境保全実務」の4つの項目を挙げておりますが、この前3者は、「店長」の役割の8項目のうちの前3項目と丸かぶりみたいですね。そうです、字面だけみると丸かぶりなのですが、実は「支援部」の項目には語尾にすべて「実務」と付いていますが、「店長」の項目には付いていません。では同じ項目で「店長」にはどのような語尾が付くのでしょうか。ズバリ表現しますと「判断」ないし「決定」という語尾となります。

ここまでやや理屈が先に立った記述となりましたので、趣を改めてそれぞれの8項目の具体的な内容を見ていくこととします。

①「資産管理」

「店長」の業務を順不同で8項目挙げましたので、上掲した順にそれぞれの具体的な内容を見ていきます。まずは①「資産管理」です。

前章でも述べましたが、レストラン店舗には厨房設備や家具、什器・備品など数多くの資産があります。これらは、定期的ないし不定期に入れ替えや更新をしていかなければなりません。単純にそれらの汚れや損耗もあるでしょうし、性能の更改、流行への対応ということもあるでしょう。「店長」は、「厨房部」「客席部」「支援部」から上がってくるこれらの更改の意見や提案に対して、「判断」を下したり、自ら「決定」するという役割があります。

たとえば厨房機器の入れ替えなら「厨房部」に任せたよと言ってもよいと思われるかもしれませんが、その場合でもあくまで「店長」の許容範囲で「厨房部」に任せていることになります。

厨房機器は重大な資産でありますが、どのような入手方法を取るのかという選択肢は複数あります。一括現金で調達するのか、分割払いか、その場合の月数と金利をどう見積もるのか、あるいはリース契約がよいのか。さらには、現在の資金繰りからみてどのタイミングで実施可能なのかなど、単純に機器能力の比較考量だけでは済まない問題があります。「店長」の〝総合的〟な「判断」が必要なわけです。

日本語で「資産」というと有形物がイメージされますが、無形物もあります。ここで使用する「資産」とは、会計学上の勘定だけではありません。たとえば、斯界でも「暖簾（のれん）」（店舗ブランド）といえば、「資産」と位置付けて訝しがる人はいないでしょう。ということは、メニューも同様ですね。つまり、メニューの全般的な管理の最終責任者は「店長」の業務になります。

メニューの更改の「決断」

メニューの定期的な入れ替えや新メニューの導入にあたっては、「厨房部」を中心に入念な試行やテストが繰り返されることはその通りなのですが、しかしながら現実の導入となるとやはり「店長」の最終「決断」が必要となります。

もしかしたら、その新メニューに必要な食材手当てのために、仕入れの取引先を変更しなければならない事態があるとか、メニューを盛り付けるためには追加の食器などの手当てが伴うとか、提供の際に「客席部」に追加的な負荷がかからないかあるいはその負荷は「客席部」の現有スタッフで対応可能なのか、など各方面からの検討とそれに伴う調整問題を最終的にクリアさせて断を下すのは「店長」にしかできない役割です。

さらに、大きな資金を必要とする仕事としては、店舗メンテナンス計画の立案という任務があります。個々の家具の入れ替えや変更程度なら「客席部」対応で事足りる場合が多いかもしれませんが、床の張り替えや数年に一度の壁の塗り替えなどは、店舗の休日を設けての大作業となりましょうし、経費もかさみます。これは、むしろ「店長」から「厨房部」「客席部」へ提案して調整していく事柄でしょう。店舗という「資産管理」については、「店長」の責任下で遂行されていくのです。

第3節 「人事管理」

②「人事管理」

次は、②「人事管理」の項について説明します。

「店長」は、その店の人事管理のすべてに責任を有する立場です。具体的には、スタッフの採用ならびに履歴管理があります。

しつこいようですが、繰り返します。たとえば「厨房部」でのスタッフは調理長に任せることが多いとは思いますが、それでもその最終決裁権は「店長」にあります。

実際上の問題としては、「厨房部」志望で入店し、ある期間を「厨房部」で過ごした後に「客席部」スタッフへ移動するということもありえます。あるいは、そうした人事交流ないし他の部での業務を体験するという手法を企て実施に移すということも、「店長」の権限となるでしょう。つまりスタッフの「採用ならびに履歴管理」です。なお、外部からのスカウト人事ということもありますが、フードサービス業界ではしばしばみられることとはいえ、扱いとしては、ルーティンの業務ではないこと、および「店長」の権限を超える経営陣との協議という事項になるので、ここでは立ち入らないこととします。

次に、店舗スタッフ全員の「人事評価と賞罰」をあずかります。人事評価の仕方にはさまざまあると思います。またその結果としての昇給や昇進などの所掌も、最終的には「店長」の権限です。

最後に、この項で重要なことは「教育・研修の実施」です。業界ではいわゆるＯＪＴ（職場での実地指導）が主体のところが多いとは思いますが、どのような内容をどのような期間で実施するか、あるいは、コンサルタント会社などが主宰する専門機関へ派遣するか、さまざまなコンクールに出場させるか、などその方法はたくさんあります（コラム参照）。

コラム　フードサービスのコンクール

フードサービス業界には、さまざまな技能を競いあうコンクールがあり、国内のみならず国際大会・世界大会があります。

高級フレンチの世界では、2年に一度フランスのリヨンで開催される「ボキューズ・ドール国際料理コンクール」があります。２０１５年1月開催では、日本代表高山英紀シェフが5位、前回２０１３年では浜田統之シェフが3位入賞、２０１１年では今澤麻衣子氏（21歳）がただ1人に与えられる最優秀コミ賞（年少サポート）を受賞しています。

この2009年13回大会を舞台としたドキュメント映画「ファイティング・シェフ」（スペイン作品）は、わが国でも同年10月に公開されています（筆者も映画館で鑑賞しました）。

フレンチの接客サービス（メートル・デ・トル）分野では、2000年から「クープ・ジョルジュ・バティスト」世界大会が開催されています。2012年第5回大会（東京）では、日本代表の宮崎辰給仕長（35歳）が優勝して、マスコミなどでも話題になり著作も出版されていますので、ご存知の方も多いでしょう。

2006年から毎年開催されている「S1サーバーグランプリ」は、わが国発のレストランサービスを競う全国コンクールです。最近では、全国から900名を超えるサービススタッフのエントリーがあり、第1次審査は店舗への訪問審査と筆記審査、第2次審査は県大会・地区大会で、全国大会は各地区代表者11名のファイナリストによる壇上での実技審査です（11回大会優勝：中尾和夫氏（魚盛飯田橋店）、10回村松康夫氏（ろばた焼絶好調てっぺん）、9回笠松美紀子氏（六本木わらやき屋）、8回小谷忍氏（UCCカフェメルカード））。

最終審査を競う全国大会会場には、有力外食事業経営者ら数十人が特別審査員となり、全国から会場のキャパシティ一杯の1千数百人が詰めかけて、壇上に声援を送る光景は壮観です。

同大会のホームページ上には1次審査用のフォーマットが公開されていて、50項目のチェック表となっていますので、そのまま自店のサービスマニュアルに活用できます。

同グランプリに1人がエントリーしますと、店舗全体でのサポートも必要でしょうし、ロールプレイも繰り返されることでしょうから、店舗スタッフ全員の教育訓練の場としての効用も大きなものがあると思われます。

ちなみに、筆者の大学での担当科目「フードサービス研修Ⅰ」受講生は、この全国大会1千数百人の会場審査員の1人として1票を投ずるという役割を果たします。また同科目「Ⅱ」では、前日からの会場準備や当日の会場整理、ファイナリストの手伝い、審査用紙の回収などバックスタッフの補助という役割を組み込んでおります。

この「研修Ⅰ」プログラムでは、毎年2月に東京・有明のビッグサイトで4日間にわたり開催されるHCJ（「ホテルレストランショー」「フードケータリングショー」「厨房設備機器展」）も活用させていただいていて、「ジャパン ラテアート チャンピオンシップ／ジャパン コーヒーイングッド スピリッツ チャンピオンシップ」「HRSサービスコンクール」など審査会見学も組み込んでおります。

第4節 「顧客管理」

③「顧客管理」

続いて、③「顧客管理」の項ですが、実務内容的には前章での「支援部」の業務を思い起こしていただければよいと思います。その統括責任者を「店長」が務めることとなります。ただ、前章では触れていなかった重大な事柄がありますので、この点だけ敷衍しておきます。

それは、そのお店にとって歓迎されざる顧客の扱いということについてです。当店にとって好ましからざるお客への対処法は、たとえば予約の申し入れがあっても、満席ですといってお断りするとか色々あろうかと思いますが、そうした個別の手法の紹介・検討は本書では省きます。

ここでは、そうした顧客の判別の最終「決断」が「店長」の専権業務だということを確認しておきたいと思います。ちなみに、その対象顧客がこれまでの常連客であったりすることもありますので、その場合には「店長」自らが顧客の前に出向くこともありえることでしょう。なお法規的には、店舗および敷地は私有地ですので、特定のお客様の入店を店側が断ることは問題ないことですが、客からの民事訴訟の対象になる可能性がないとはいえません。お店を構えるということは、なかなか厄介なこともありますね。

第5節 「経費コントロール」

④「経費コントロール」

第4項目は、④「経費コントロール」です。

この議論の前に、「経費」という言葉について確認しておきます。一般に「経費」という言葉はいくつかの使われ方をされています。（a）常に決まって支出される費用（固定的支出、経常費）、（b）物事をする上での費用（コスト）、（c）会計用語として原価計算上、「材料費」・「労務費」と並ぶ原価要素となる費用、の3つが代表例です。このように「経費」という言葉は多義性がありますので、ここではあまり厳密に規定しないで叙述を進めます。本書の目的は「店長」の役務をクリアーにすることであり、「経費」の概念を論じ詰めることではないからです。

また「経費コントロール」というと、しばしば「経費」削減策のことと取られかねないのですが、本書では「経費」そのものを俯瞰して観察しつつ「断を下す」＝「コントロール」

するということを意味しております。

こう書きますと、それなら当たり前のことだと思われるかもしれませんが、なかなかに厄介な問題もあるのです。それは、この業界、レストラン店舗では、一般に「経費」支出が固定的ではなく安定していないということに起因します。わかりやすくいいますと、リテイルビジネスなどと比べて「経費」支出の振れ幅が大きいのです。レストランビジネスは、顧客来店の繁閑の差が、季節により、月により、旬により、曜日により、時間帯により、大きいというビジネスで、しかもマンパワーへの依存割合が大きいというビジネスなのです。

来店客数の予測と対応スタッフ数の決定

マンパワー＝人手を例にわかりやすくいいますと、仮に一定時間で客数が倍異なると、料理の注文数も倍違うということですから、料理に要する人手も倍、接客に要する人手も倍ということで辻褄が合います。では、〝繁〟にあわせて人手を確保すれば、〝閑〟の時には人手の半数が遊休してしまうことになります。

多くの店舗では、パート・アルバイトの投入の多寡で調整しているというのが現実だと思われるかもしれませんが、そう思惑通りにはまいりません。というのも、店舗の繁閑すなわち、来店されるであろう顧客数は、ある程度予測はするにしても、予測は予測であって、毎日予測通りに顧客が来店するはずもありません。

実際問題として、たとえば郊外型ファミリーレストランタイプの多くの店では、平日の来店客数を〝1〟とすると、土曜日は〝1・5〟、日祭日は〝2〟くらいが標準です。だからといって、日祭日の店舗スタッフを平日比で倍増させて対応しているわけではありません。機器のイノベーションなどを含むさまざまな工夫の上に、来店客数と店舗スタッフ数が〝正比例しないように〟し、ある程度の水準でやりくりをしています。

そうして、このやりくり、言い換えますと来店客数の予測値の決め込みと、それに基づいた必要店舗スタッフ数の見込みの決定については、「店長」が最終判断を下さなくてはなりませんね。

食材仕入れの場面で

食材仕入れにも、この業界に独特の問題があります。2点、代表例を挙げておきましょう。

1点は、主要食材が生鮮食品だということです。簡単に言いますと、日々値段が変わる相場商品です。他方でメニュー価格は、〝時価〟というお店も皆無とは言いませんが、大方は比較的長期に固定してあらかじめ顧客に告知しております。

ですから、生鮮食品の相場が下がった時には思わぬ差益が出るかもしれませんが、高騰した時にはどのように対応じたら良いのでしょうか。どこまで我慢して同じ食材を高値で確保し続けますか、あるいはメニューの構成要素たる食材の変更ということに手を付けますか。いわばハムレット状態の悩みにブチ当たります。「店長」の最終判断をまつことになります。

2点目は、食材の仕入れ量とストックルーム（スペース）と仕入（納品）頻度とのいわば連立方程式を解くという問題があります。

ストック＝在庫はそれ自体コストです。しかしながら、上記のように繁忙日や繁忙旬には、食材量を多く在庫しておかなければなりません。ところが、最近は特にビルイン店舗（商業ビルのなかなどにテナントとして入る店）やショッピングセンターなどでは、ストックルーム分の家賃も少額ではありません。食材の必要量をその日の最小限の見積もり量の手当で済まそうとすると、食材納品を毎日という配送頻度で頼まなくてはなりません。配送回数の多寡は物流費に反映されますので、広義の食材調達コストの1つです。スペース確保ないし在庫コストと物流コストとの板挟み状態とでも比喩するのでしょうか。板の加減すなわち連立方程式の解は、やはり「店長」が最終的な判断を下さなければならないでしょう。

一見すると「厨房部」の役務と思しき事柄も、「店長」が絡まなくてはならない要素が随所にあって顔を覗かせているのです。つまり、随所に「店長」が介在する「経費コントロール」場面が多くあるというわけです。

子細に見ていくときりがないかもしれませんが、ここでは「店長」業務の概念的な意味が了解されればよいと思います。

第6節 「販促計画と実施」

⑤「販促計画と実施」

続いて、⑤「販促計画と実施」についてみてみましょう。「販促」とは「販売促進」の略ですね。この言葉は、すでにマーケティング用語としてある程度共通の理解と概念確定がなされていますので、いたずらに議論の振れ幅を広げるのではなく本書でもそれに倣ってみましょう。

マーケティング論では、「販売促進」という言葉を4つの方途に分類します。(a)「人的販売」、(b)「広告宣伝」、(c)狭義の「販売促進」、そして(d)「パブリシティ」活動の4つです。

(a)「人的販売」

（a）「人的販売」とは、人（スタッフ）による人（潜在顧客）に対する直接的働きかけによる販売活動という意味です。一般的には、セールスマン、営業スタッフが直接、顧客に売り込むことですね。

しかしながら、商品知識が乏しい人や接客手法にスキルのない人がただやみくもに商品の売り込みをしても、効果が薄いどころか、かえって顧客の印象を損ねて逆効果という場合もありますから、安易に取り組むべき代物ではありません。

これをレストラン店舗に置き換えてみると、たとえば、店長が自ら店舗周辺の事業所に出向いて、お店のメニューやチラシなどをしかるべき方に置いてくるということがありえます。訪問のための口実としては、開店のときはもちろんですが、開店記念日とか、その事業所の記念日とか、新メニューやキャンペーンメニューの紹介とか、さまざま想定されます。その時には割引チケットとかを添えることもありえます（この時の割引という手法は、狭義の「販売促進」になります）。また、地域の商店街の会合などで店長が出席者に同様の働きかけをすることも、この「人的販売」の例となりましょう（次項の「地域対応」も参照してください）。

(b)「広告宣伝」

次に(b)「広告宣伝」ですが、これはあまねく行き渡っている言葉ですから、あまり説明を費やさなくても大丈夫ですね。要するに、自らが費用をかけて、しかるべき媒体に自店の情報掲載を依頼して広くアピールすることです。

街々にはタウン誌と呼ばれる冊子があります。たいていが月刊で、その街に点在する店舗やレストランなどを丁寧に紹介しています。これらタウン誌は多くが、月額一定金額で広告費を募るかもしくは一定部数の買い取り契約を結び、その雑誌を街の書店で無料配布用に陳列したり、各店舗で無料配布しています。街に住まい暮らす人とか通勤している人は、どこかでそのタウン誌に触れ、身の回りの記事や知人が載っている記事に目を通したりします。同じ出版元で、もう少し広域に観光スポットなども紹介しながら書店売り用の地域誌をカラー版で出版しているケースも見受けられます。これらは、レストラン店舗側からするとあまり高額でない金額の出費で、その地域にあまねく店舗やメニュー情報を伝えることのできる格好の手段となっています。

商店街組合などでは、同様に新聞折り込みチラシを入れることがありますが、これも一定の金額でそのスペースを買って、店舗情報を広く伝える手段となっています。このような組合や商工会といった機関が手がける場合には、補助金などがある場合も多く、格安の費用負担で広告できることになります。

しかしながら、最近では何といってもインターネットのＨＰでしょう。レストラン店舗の公式サイトを謳うのは〝ぐるなび〟ですが、同社の場合には月額契約で簡単に店舗自らがＨＰを作成し、随時更新するシステムを販売しています。同社は、レストラン店舗を網羅するサイトを目論んでいますので、有料契約ではなくても、同意さえあれば同サイトに店舗情報をアップしています。その他いくつもの有力サイトがあり、ＨＰ掲載もさまざまな形態がありますので、それぞれに検討していただくほかないのですが、それぞれの費用対効果を考量して、どのように対応するかの最終決定は「店長」が下すこととなるでしょう。

（c）狭義の「販売促進」

（c）狭義の「販売促進」活動としてすぐに思いつくことは、一定期間メニューの価格を割引するとか、さまざまな催事やキャンペーンを展開することとか、顧客の来店頻度に比例してスタンプを加算して、一定のポイント数に対してノベルティグッズを提供するとか、のことでしょうか。あるいは女性だけの特典でワンドリンクが付くとか、誕生月にご来店のお客様にはケーキが無料で提供されるとか、まあ数え挙げていくときりがないですね。

これらの「販売促進」活動は、当初はそれなりに来店客増加につながる効用も少なくないのですが、同じことが繰り返されたり、周辺のレストランでも同種の活動があったりすると、次第と効用が薄れていったりするものです。また、やり過ぎで、お店の雰囲気や顧客のイメージそのものが変容してしまう恐れもないとはいえません。目的と効果と費用があらかじめしっかりと見積もられていなければならないわけで、これらの採否も店長の判断が重要となります。

(d)「パブリシティ」活動

(d)「パブリシティ」は、広報活動と訳されましょうか。「パブリック・リレーションズ」=「PR」といってもよいですね。典型的な例としては、メディアが取材に来て当店を報じてくれる場合があります。もっと言いますと、珍しい食材を使ったメニューや斬新な料理ができたので取材に来てくださいといって、メディアにこちらからもちかける場合もあります(この情報提供を「パブリシティリリース」といいます)。

しばしば、この(d)「パブリシティ」「PR」と、先の(b)「広告宣伝」が同一視されるような誤解がありますが、両者は異なります。

(b)「広告宣伝」は、宣伝したい主体が自身で費用負担して思い通りの情報を提供することですが、(d)「PR」は、当方での費用負担はありませんが、こちら側で提供した情報をメディア側が自在に加工して報じるので、当方の意図とずれてしまうことがあります。

この事態を顧客＝消費者側から見ますと、前者（b）「広告宣伝」はいわば自己宣伝ですのでそのように受け止めますが、後者（d）「PR」は第3者が客観的に報じていると受け止めますので信憑性が高いという評価となります。

そういう次第ですので、取材依頼があった時に対応すべき責任者は「店長」が務めるべきでしょうし、あるいは「店長」の責任において誰が応対するのが最もふさわしいかということを決めなければなりません。

SNSもインスタグラムも

最近はインターネットの普及で、当方では何の働きかけ（PR活動）もしていないにもかかわらず、利用顧客が勝手にブログなどで書きこんだりして、話題になったりすることもしばしばです。

これらも、広義の「パブリシティ」ということになります。好ましい内容ならば、顧客が勝手にお店の広報をしてくださっているということになりますが、時として好ましからざる書き込み内容でお店の評判の低下を招くこともないではないという時代です。なかなか、店外でも気が抜けない複雑な社会になりました。

諸活動の組み合わせ

ところで、以上の（a）「人的販売」、（b）「広告宣伝」、（c）狭義の「販売促進」、そして（d）「パブリシティ」活動は、それぞれが独立して別々に進められるものではありません。たとえば「人的販売」といっても、その売り込むべきコンテンツがなければならないわけですから、あらかじめ「販売促進」ツールが開発されたり用意されていなければなりませんし、「宣伝広告」にしても「パブリシティ」活動にしても同様でしょう。どの分野の活動を、どの程度の規模でいつから始めるのかといった判断が求められます。また、全体として許容される予算の範囲もあることでしょうから、一方で営業実績を見ながら、こうしたことの予算をどの程度に見繕うか、あるいはそれをどのように配分するかという判断もしていかなければならないわけです。店長はどこまでも気が揉めますね。

第7節 「地域対応」

⑥「地域対応」

レストラン店舗そのものは固定設備です。この場合の固定とは、文字通り、その場に固着して動くことができないということを意味します。したがって、レストラン店舗は周辺環境とともに共生する存在であると理解されます。周辺環境のことを地域社会と言い換えても差し支えありません。

その意味では、仮に隣接してなにかしらの店舗があるとしますと、その店舗も同様の環境下にありますし、隣接するのが住宅や事務所などでも同じことです。

わかりやすく事態を観察するために、そのレストラン店舗がとある商店街のなかにあったとしましょう。

その店舗は、その商店街の魅力を形づくる一構成要素となっております。商店街では通例、組合をつくって、地域の催事や共同事業などを実施しています。季節ごとのキャンペーンや美化運動や記念日の街頭飾り付けやお祭りなどもあります。また、防犯活動や小中学生らの職場体験の受入などもあります。街灯の設置問題や事業所のごみ問題をめぐっての自治体への働きかけといったこともあるでしょう。場合によると、地域の催事や周辺の小中学校などの催事の際には幾許かの寄付を求められることもありますし、公園設置や文化財保護に関して署名活動が回ってくることもあります。

「店長」が関与度合を決める

これらの商店街活動や地域で営まれるさまざまな活動やその働きかけに対しては、わがレストランは「店長」が店舗を代表して、その都度直接に関与するところとなります。どのような事項も相応の時間とマンパワーが求められますし、時として出費を伴うこともあります。という次第で、これらについてどのように関与するかということは「店長」が決めなければならないところです。もちろん、従業員スタッフにそれぞれ意見を求めることはできますが、関与の具合を決定するのは「店長」の役務となります。

もっとも、これらは地域の動静を知る上でかなり有効な場面でもあります。地域事業の企図をいち早く知ることができれば、自店のさまざまな営業政策の立案の根拠を得ることとなりますし、場合によるとそれらの商店街会合の会場や打ち上げ会場としての役割を働きかけることで、自店の営業政策そのものになることも想定されます。したがって、「店長」の役割としての「地域対応」とありますが、これらには直接に「店長」自らが顔を出すことでその効用がいっそう大きなものとなるということができます。

「地域対応」の思い出

その店舗を代表する人格である「店長」の「地域対応」活動に関して、筆者の個人的な思い出がいくつかあります。この項の最後に、この個人的な思い出話を述べておきます。

30年ほど前の話ですが、東京のある大繁華街の商店会で飲食店主からしみじみと聞いた話があります。著名ブランドのファストフード店が近くに出店したところ、開店前に従業員が店の前だけでなく〝向三軒両隣〟周辺までしっかりときれいに掃除をしている、それに引き換え自分のところの従業員は店の前をちょろちょろとしか掃除をしない、つまるところ我彼で従業員の資質が違うと仰られました。

私は、店主の発言を受けて、そのファストフード店の従業員はアルバイトですよ、同じ人が働く店が変わると働き方が変わるだけであって、従業員の資質には差はありませんと。さらに、そのブランド専用の掃除道具も用意してあって、掃除する姿もよそ目に格好よく映るようにしていますと。

またかつてはマクドナルドなども地域の催事に熱心で、夏祭りなどではスタッフが店の前に出て、浴衣に団扇で祭りの盛り上げに一役かったりしていました。同チェーンでは、家族催事にふさわしいノベルティなども用意したり、小学生の店内見学会なども積極的に誘引していました。ある意味で大手チェーン店は、地域活動に模範的な取り組みをしていた頃があります。

地方への出店例

筆者の観察するところの範囲においてですが、駅前に居酒屋チェーンが林立するようになると、これらのチェーン店と地域との連携プレーに距離が生まれるようになったと思っています。日中に営業がなく夜間営業だけですと、街の昼の行事にはかかわるのが難しく、加えて、地元で職住一体ないし近接で店舗経営している層とは異なり、これらチェーンの店舗スタッフは通勤スタイルになりますから、商店街行事とは疎遠になりがちなのです。

かつて、筆者が長野にいた頃は、冬に雪が降ると、皆すぐに往来を確保するために歩道に降り続く雪をその場で掻き続けて、雪が積もらないようにします。そうしないと、雪が積もってから雪掻きしても、凍ってしまって掻けなくなるからです。ところが居酒屋チェーン店前は誰も人が出てこないで、放置されたままとなります。この場合は、近隣の人がわざわざ道路の雪を掻いてくださるか、放置されるかどちらかです。前者の場合には、その店のスタッフがお礼に回ったという話を聞いたことがありません。後者の場合は、その店の前で転倒者が相次ぐという事態となります。

正直なところ、大手外食チェーン店が地域社会に歓迎された時代とそうでない時代があるのだと思わざるを得ないのです。大手か中小か、チェーンか個店かはどうでもいいのですが、フードサービス業、外食産業は、社会のインフラストラクチャーであると主張するためには、地域社会に愛される存在でなければならないと思うのです。

第8節 「競合店研究と対応策」

⑦「競合店研究と対応策」

「競合店」というと、具体的には自店と似たようなお店だとただちに思い浮かべますね。あるいはライバル店という言い方もあります。「ライバル」というとかなり強い響きがあります。競技でいえば、勝つか負けるかの二者択一、どちらかが優勢でどちらかが劣勢になる、ライバルには勝たなければならないと。

しかしながら、レストランビジネスは、「競技」のようにシンプルに優勝劣敗を競うビジネスゲームではありません。もっと複雑な、社会という舞台でのゲームです。したがって、はじめに確認しなければならないことは、「競合店」ないし「競合」とはどのような存在であるかということです。

「競合」は「業種」ではなく「業態」にある

卑近な例でみてみますと、かつてマクドナルドとモスバーガーは、主力メニューがハンバーガーであるから両ブランドは「競合」しているとみられておりました。

しかしながら、メニュー名称でいうと同じハンバーガーですが、それぞれのブランドで提供されるハンバーガーメニューそのもの、提供方法、従業員の応対の仕方、店舗の造作、そしてその店の立地など、どれをとっても異なったスタイルを採っております。「競合」していないわけではありませんが、「競合」しているとは言いにくいところもあります。

なぜなら、顧客がそれぞれのブランドに求めるところが異なっておりますし、あるいはかなりズレております。一食の食事を手早く済ませたいと思うならマクドナルドを選択しますし、多少ゆったりハンバーガーを召し上がりたいとする人はモスバーガーを選択することが多いでしょう。要するに、客層あるいは顧客のその店の利用動機が異なりますね。店側からいうと、これを「業態」の違いといいます。「業種」すなわち主力メニューの種類でみると同じ「ハンバーガー店」と表現されてしまうのですが、「業態」としては相違があります。

「お蕎麦屋さん」はマクドナルドと「競合」するか

たとえば「お蕎麦屋さん」というと、どのようなお店を思い浮かべますか。メニュー区分「業種」で「お蕎麦屋さん」というだけですと、立ち食いの蕎麦店を思い浮かべることもあれば、商店街で定食もあるお蕎麦屋さんを思い浮かべることもあれば、屋敷構えをした高級蕎麦店を思い浮かべることもありましょう。これらは、同じように「お蕎麦屋さん」と呼ばれていても、相互に「競合」しているようには思えません。なぜなら、お客様の利用動機が異なるからです。

立ち食い蕎麦店は、おそらくあまり時間のない時や、あまり高額の支払いをせずに手軽に腹満たしをしたい時に利用することが多いので、ファストフードだといってよいでしょう。ということは、マクドナルドと「業種」は異なれど「業態」は同じだということになりましょう。顧客がファストフード需要を抱いたときに、立ち食い蕎麦店とマクドナルドは、等しく選択肢にあります。両者は真正面から「競合」するといえるでしょう。これに対して、屋敷構えをした高級蕎麦店と立ち食い蕎麦店、あるいはこの高級蕎麦店とマクドナルドとは「競合」してはおりませんね。

という次第で、実は、レストランビジネスにおける「競合店」とは、一義的には同じ「業態」の店のことです。これに「業種」まで同じだということになると丸かぶりですから、まさしく直接「競合」のお店だということになります。すぐ近隣に（同じ立地に）同「業態」同「業種」のお店ができるということになると、間違いなく多大な影響が出ます。さあ、どうしましょう。

店舗集合による集客力向上

といって対策案を練る前に、不思議な現象でありますが、もう少し確認しておくべきことがあります。話をわかりやすくするために、単純化して例示します。

ある繁盛しているファミリーレストランタイプのお店の近くに、別のブランドのファミリーレストランが出店したとします。仮に、そのエリアで当該店が唯一のファミリーレストランであった場合には、エリアの需要を独占していたわけですから、これが2店舗になれば、当該店の売上はただちに半減するはずです、理屈上は。

しかしながら、社会という舞台でビジネスしているフードサービス業界ではそうはなりません。既存店はたしかに一時は往時の8割とか7割にまで落ちることがあるでしょうが、しかし、しばらく（3カ月ほど）経つ頃には元にまで回復しているという現象も珍しいことではありません。そこまでいかなくても、一般的に、既存店がかつて「1・0」であった売上が減少して「0・9」になってしまい、新規店も「0・9」程度だという話はよくあることです。要するに、「半減」するのではないのです。

この例では、両店舗合わせて、1店舗時代の「1・8」倍の売上になっているのです。不思議ですね。店舗が増えると、その地域のレストラン店総売上高は横ばいのままではなくて、増えるのです。

何が起こっているのかというと、そのエリアのファミリーレストラン需要が拡大したということなのです。

では、その増えた分の食需要はどこからもたらされたのでしょうか。すぐに思い当たるのは「同業態・異業種」店や他のレストランからと思われるでしょうが、「ファミリーレストラン」という「業態」すなわちファミリーの食事場所・居場所が増えたということは、実はそれまでの家庭内食いわゆる「内食」の分が、ファミリーレストラン＝外食にシフトしたという見立てが正答です（実は20世紀後半という時代での正答なのですが）。

店舗の追加は商圏を拡大する

そして、もう1つの要因としては、1店舗時代と比べて2店舗となると、お客様がそのお店に来ようという出発地の距離（商圏といいますが）が延伸するのです。商圏が拡大したという見立てが成立します。

消費者に選択肢が増えることで、とりあえずその店の近辺に行ってどちらかにしましょうねという客層が増えるのです。前からある店が繁盛店であればなおさら、遠方からわざわざ行っても満席で入れないならば無駄足になってしまいますが、代替する2店舗目があるならば、すなわち客席キャパシティが2倍になったのなら、無駄足になることもなかろうから出かけてみようか、という心理が働くわけです。

という次第ですので、「競合」というのは、実はなかなかに複雑な現象なのです。

ショッピングセンターの〝フードコート〟の場合

「競合と商圏」というテーマに触れましたので、関連してショッピングセンターとかショッピングモールといわれているところへテナントとして出店しているレストランについて、そこでのレストラン店舗同士が「競合」しているのかどうなのかという議論を敷衍しておきます。

ショッピングセンターやショッピングモールに行くと、〝フードコート〟があります。そこでの〝フードコート〟は標準的には、スペースの中央部に広く客席部があり、それを取り囲むようにファストフードスタイルのお店が列をなしています。「同業態」で「異業種」のブランドが併置されているわけです。

そして「同業種」のお店をその場で見かけることはほとんどありません。これは、〝フードコート〟全体としての集客力を高めるための原則です。消費者からみた場合には、とりあえず〝フードコート〟に行けば「業種」の選択肢がたくさん用意されていることで、何か気に入った食べ物があるだろうということになります。実際、老若男女さまざまな客をすべて受け入れるべく「業種」の選択肢がたくさん用意されておりますので、三世代家族連れ客も安心して利用しています。

ショッピングセンターやショッピングモールでは、〝フードコート〟とは別の離れた空間あるいは別の階に、テーブルサービスのレストランもいくつも配置されています。これらも、いろいろな「業種」が揃えられております。これらのテーブルサービスのレストラン店群は、〝フードコート〟とは異なった「業態」ということになります。

単純化して言いますと、ショッピングセンターやショッピングモールでは、「業態」別にレストラン店の集合エリアないし階を設けて、その同じ空間には同じ「業態」で異なる「業種」の店を多数集合させているわけです。

これら全体の配置計画の実施を「テナントミックス」といいます。「テナントミックス」は、ショッピングセンターやショッピングモールそのものの集客力を担保する上で欠かせない手法です。つまり、同「業態」で異「業種」のお店を多数用意したスペースを作り、それを1つの単位として、さらに複数の「業態」を揃えるということが、そのショッピングセンターやショッピングモールの魅力、集客力の担い手になるわけです。こうして、「競合」する他所のショッピングセンターやショッピングモールとの競争に打ち勝とうとしているわけです。

駅前ビル内店舗の場合

類似の「競合」関係、つまり同「業態」店を1カ所に集合させることで、全体としての集客力を高めようという立地のとらえ方は、他にもあります。

たとえば、都心部の駅周辺の繁華街では、地上階から地下階まで各階に「居酒屋」系のレストランが入店しているビルをよく見かけます。これなども、会社帰りのサラリーマンたちは、とりあえずどこかのビルの前で立ち止まり、どの階に入店しようかと思案するという訳ですね。この場合は、比喩的な言い方をしますと、ビル同士が「競合」しているともいえます。あるいは、隣接するビル同士が寄り集まって1つの商圏エリアを形成しているとみられる場合には、同様のビルが立ち並ぶ駅のこちら側のビル群（レストラン群）と、駅ないし線路を挟んでの反対側のビル群（レストラン群）というもう一段広い領域で「競合」しているということになります。

こうして、ショッピングセンターや駅前ビルなどをめぐっても、やはり「競合」というのはなかなかに複雑な現象です。

食市場成熟時代の「競合」

上では、レストラン店舗の追加供給が「内食」需要から「外食」への誘導を進めるという構図を説明しましたが、逆の場合もあります。

レストランの広い意味での「競合」が、「家庭内食」であったりする場合もあることは確かです。各家庭に冷凍冷蔵庫と電子レンジが普及して、品揃えのよいスーパーマーケットが近くにあって、「クックパッド」や「ユーチューブ」が気軽に使えるようになっている今日では、「家庭内食」の魅力が増して、相対的に外食の魅力が薄れているということはないのでしょうか。ありえることです。

コンビニエンスストアとの「競合」

さらには、今日のフードサービス業界にとって、最も脅威的な「競合」存在はコンビニエンスストア（CVS）です。コンビニエンスストアで提供される弁当、サンドウィッチ、おにぎりなどは「中食」といわれています。コンビニエンスストアとフードサービス業界はますます「競合」関係を激しくしています。特に、限定メニューで営業しているファストフードは、コンビニエンスストア側からすると格好の新商品開発のヒント集と位置付けられております。通勤帰りの立ち寄り先という使われ方を想起すれば、居酒屋メニューも俎上に乗ります。という次第で、コンビニエンスストア業界では、コーヒー、ドーナツ、鳥から揚げ、焼き鳥が次々と商品開発されて、目玉商品として巨大市場をつくり出しました。

フードサービス（＝「外食」提供）事業は、家庭「内食」、コンビニエンスストアの「中食」と同じ食市場にありますので、広義の「競合」関係のなかでそれぞれに切磋琢磨を余儀なくされていくことはこれからも変わらぬところです。

さて、ショッピングセンターや駅前ビルでの混み入った「競合」現象の話やら、「内食」「中食」との食市場をめぐる「競合」問題の指摘などが長引きましたので、ここで改めてレストラン店舗同士の直接「業態」競合問題に立ち返りましょう。

直接「競合」店出店への「対応策」

いかがでしょうか。近くに、「同業種・同業態」あるいはそれに類似の「競合店」レストランがオープン間近という情報がもたらされました。これまで述べてきました競争環境下で、「店長」はどのような「対応策」を打っていくことになるのでしょうか。

近隣にほぼ「同業態・同業種」のレストラン店舗が新規開店すれば、間違いなく影響をこうむります。したがって、前もってその対応策を二重にも三重にも練り上げて実行していかなければなりません。その対応策づくりと実行の最前線指揮をとることは、「店長」の重大任務です。

一見しますと、「競合店」出現は当店にとって大変な脅威ではありますが、実は見方を変えてみますと当店を魅力的にするための程良いチャンスでもあります。世間でもよくいわれています、「ピンチはチャンス」と。

では、具体的にはどのような行動をとることになるのでしょうか。2つの分野がありま す。1つの分野は、自店の見直し（振り返り・棚卸・反省など言葉はいろいろありますが）です。これらは、店舗スタッフ総がかりの行動です。もう1つの分野は、資金計画の見直しです。これは、経営陣との協議・詰めも必要です。

自店の見直しをどのように実行していくかということについて、先に簡単に結論を述べておきますと、（a）「従業員スタッフとの情報共有」、（b）「自店のコンセプトの再確認」、（c）「コンセプトをより際立たせるための改善策の案出と実行」、そしてこれらから必然的に派生しますが（d）「店舗スタッフの再研修ないし能力強化」ということになります。

（a）「従業員スタッフとの情報共有」

まず、（a）「従業員スタッフとの情報共有」が肝心だということを確認したいと思います。「競合店」出現という事態について、ある意味で最も動揺しているのは従業員スタッフです。言い方を変えますと、この時の従業員スタッフは必死で知恵を絞ってくれる頼もしい味方であり同志です。

「競合」店出店への「対応策」

(1) 自店の見直し	(a)「従業員スタッフとの情報共有」 (b)「自店のコンセプトの再確認」 (c)「コンセプトをより際立たせるための改善策の案出と実行」 (d)「店舗スタッフの再研修ないし能力強化」
(2) 資金計画の見直し	「資金繰り表の作成」(金融機関への提示) 「資金手当ての目論見」 「各種契約の見直し」
(3) 競合店体験	(諸計画の見直し)

とはいえ、それまで順調に来店客を迎え、そつなく日々営業を続けていたとしますと、存外日常の仕事がルーティン化していて、それに取り組む意識も惰性となりがちなものです。ですから、ここは原点に戻って、あらためて自店のコンセプトを遵守する上で疎かになっていたことや見逃していたこと、手を付けるつもりでいながら放置されていたことなどを洗い出して、総点検する絶好のチャンスとなります。

(b)「自店のコンセプトの再確認」

「競合店」の出現があろうがなかろうが、こうした取り組みはしなければならないところなのですが、現実には日々の店舗運営業務に追われていますと、身を引き締めての総点検は絵空事になりがちですね。ところが、今般は、スタッフ総出でこれらに取り組むことができます(「自店のコンセプトの再確認」)。

この機に、従業員スタッフは交替で自店商圏を散策して、さまざまな店舗を見て歩いたり、立地の特性を改めて観察したりして、自店の特徴や良いところや他店で学ぶべきところなどをメモし、持ち帰った情報を一覧にして皆で検討します。ステークホルダーズ（取引先、スタッフの家族、顧客、地域の人たち）に直接尋ねることもします。

(c)「コンセプトをより際立たせるための改善策の案出と実行」

その結果として、実は知らず知らずのうちに顧客への対応にずれが生じていたとか、メニューそのものが時代の変化と乖離しつつありはしないかとか、周辺のさまざまな変化に応じて改善しなくてはならないところがあるとか、思いがけずに導き出されるところが結構あるものです。

これらを踏まえて、お店を一部改装することもあるでしょうし、看板やチラシを工夫することもあるでしょうし、顧客サービスの仕方や対応を改変することもあるでしょう。これらは、それぞれに微々たる努力かもしれませんが、積み上がることで、ただ手をこまねいたままでいることに対してかなりの効果があるはずです（「コンセプトをより際立たせるための改善策の案出と実行」）。

次に、そうはいっても現実問題としてある程度の売上減少は避けられぬところでしょうから、売上回復までの見通し計画を立てます。たとえば、当初の1カ月は3割減、2・3カ月は2割減、4~5カ月後には9割から10割に戻すというプランを作成して、その内容をスタッフと共有します。このプランのなかには、上記の施策やアイデアの実行も含まれます。

(d)「店舗スタッフの再研修ないし能力強化」

そして、売上が減少するということは、顧客の入り込みが落ちる時期がある、すなわちスタッフに余力ができ時間が捻出できるということですので、この間に、新メニュー開発試行や接客スタッフの再トレーニングや、たとえばこの機に新規導入した能力の高いレジや顧客管理システムの馴致期間として、スタッフ能力の向上期間として活用します(「店舗スタッフの再研修ないし能力強化」)。

すでにここまでお読みいただいておられる読者には了解済みのところと思われますが、レストランビジネスは多種多様な要素が複雑に組み込まれておりますので、似ているお店といってもまったく同じお店はありません。ある意味、すべてのお店がオンリーワンだといってもよいでしょう。ですから、目前の「競合店」についても、自店とつぶさに比較すればそれぞれに違うところがあります。「競合店研究」が進めば、同じ土俵で比較しても当店の強みもあれば弱みもあります。強みを一層強くするように仕組むことで、当店のオンリーワン度が増します。

ややきれいごとになりますが、「競合店」出現は、もしかしたら時代の流れに遅れをとっていたことを気づかせてくれるまたとない良い契機であり、スタッフが一丸となって自店の魅力度を向上させる運動に取り組む（追い込む）またとない「チャンス」であるわけです。

ラーメン店の事例

ところで、在来型の飲食店の隣の敷地に、同「業種」・同「業態」の大手チェーンレストラン店が出店してきたら本当はどうなるのでしょうか。上述したところは説得力がある議論なのでしょうか。上で思わず〝きれいごと〟と書きましたが、現実はどうなのでしょうか。

人口5万人未満のある地方都市の郊外で、実際に筆者が見かけた実例を1つだけ紹介します。

定食も手がける在来型ラーメン店のすぐ近くに、同じ並びでスーパーマーケット（ヨークベニマル）や衣料品店（西松屋）など有力チェーン店10店舗ほどが軒を連ねて駐車場を共有するショッピングモールができました。そのとば口には、ラーメンチェーン店の雄「幸楽苑」が出店しました。当時、同ブランドのラーメン1杯の価格は290円（＋税）で、「290円」が目立つように大書きされた看板が目に飛び込んできました（その後、2014

年に290円中華そばをやめ、520円新醤油ラーメンとした。現在は、あっさり中華そばが380円となっている（いずれも税別））。

地元の人は誰もが、目と鼻の先にある在来型のラーメン店の行く末を心配しました。そのラーメン店は、それまではどちらかというと入店客もまばらという印象でしたので、「幸楽苑」出店後はすっかり閑古鳥が鳴いているか、はたまた閉店間近という予感も抱きつつ、その店を覗いてみました。ところが、入って吃驚、見て吃驚、それほど狭くはない店内が満席状態で、客が溢れんばかりの繁盛状態でした。

初夏の頃でありました。入店して着席すると、「水」ではなく「冷麦茶」がテーブルの上に置かれました。量目小振りなあっさり系の「ラーメン」が290円、こちらは税込み価格です。

隣り合わせた幼い子ども連れ客は、小振りとなった「ラーメン」を幼い子どもそれぞれに注文していました。かつて彼らは、1つのラーメンに空の小鉢を頼んで、子どもに分け与えていたはずです。

昼間でしたので、営業で外回りをしていると思しき男性客は、新たに組み合わせられた「（小振り）ラーメン・餃子」付きの各種定食を例外なく注文していました。

食事を終えると、「ミニアイスコーヒー」が無料で出てきました。中華のやや油っこい口のなかを爽やかな舌触りが拭います。無料の「冷麦茶」も無料の「ミニアイスコーヒー」も、新定食セットメニューで各段に上昇したはずの客単価からみれば、微塵の原価でしょう。

改めて店外に出て店回りをよく見ると、屋根からはテントのように地面まで「290円ラーメン」と一言赤字で大書きされた大布が張られ、通りからは「幸楽苑」の黒い外装店舗に負けずによく見えます。駐車場はというと、コカコーラやダイドーや有名どころの営業車が呉越同舟で溢れていました。おそらくショッピングモールへの納品や自販機巡りの営業車両でありましょう。

正直、ややしょぼくれたラーメン店であったと記憶にはありましたが、同じ店が今や活況呈する大繁盛店。最強「競合」店「幸楽苑」がすぐ隣りに出店しなければありえなかった変身だとしみじみ思うのです。

話を事例から戻します。

「売上計画の策定・経費見直しと経営陣との協議」

「店長」には、売上減少を予測しつつもう1つの重大な役務があります。それは、資金繰り計画の見直しです。

もしかしたら、予測される売上高の減少の期間に備えて、一次的につなぎ融資を金融機関に仰がなければならないかもしれません。キャッシュフローが潤沢でそうならなくて済むかもしれませんが、それでも新環境下での売上計画と支出計画の短期、中期の予測表の作成は必須です。

場合によれば、上記してきたことと同様に、この機に低利の借り入れに変更するとか、各種契約（有線、ポスレジスター、清掃、エネルギー源、各リース、そして家賃など）の見直しも有効です。契約には相手がありますから、「競合店」出現＝自店売上減少必至の事態は、契約交渉相手に対して有力交渉材料です。ちなみに本書のここまででは、経営陣の話を外においておりますが、上記してきた各々は「店長」から経営陣への報告および相談事項です。

「競合」店体験

さて、「競合」店と思しきお店がオープンしましたら、そこに実際に足を運んでみることと、利用してみることも重要なことですね。事前情報や店舗外観や人づての話だけではわからなかった空気感というのでしょうか、その店の実力度、自店との「競合」の度合いなどは体験してこそ確認できることです。

意外と「競合」度が低いと感じることもあるでしょうし、逆に思っていた以上に手ごわいと感じることもあるでしょう。その観察結果如何によっては、上述の計画案の見直しもありうるかもしれません。

また、例外的かもしれませんが、友好的に共同キャンペーンをもちかけられることもないとはいえません。あるいは、こちらからもちかけることもあるかもしれません。客観的には、同じ地域のフードサービス従業者として同志的側面もあるわけですから、コミュニケーションのルートを開いておくことはあってよいことだと思われます。

コラム 「ジャパン・レストラン・ウィーク」(JRW)

「ジャパン・レストラン・ウィーク」(JRW)という催しがあります。1年に夏冬の2回開催されています。2016年夏では、7月22日~8月7日(冬2月1日~2月14日)までの14日間にわたり、全国の高級レストラン・料亭など355店舗が参加しました(東京・神奈川・千葉・埼玉・大阪・京都・神戸・奈良・札幌・仙台・新潟・名古屋・金沢・広島・福岡)。

日ごろはある意味敷居が高く、あまり足を運んだことのない人たちにリーズナブルな値段で消費者のトライアルを誘うという催しです(ランチが2千円・3千円、ディナーが5千円・7千円(税サ別))。

「外食機会の創出と外食文化の活性化」を開催目的とするということですから、本書本文に照らしていいますと、「同業態」競合店が、共同して需要の喚起拡大に手を組んでいる催事だということになります。

(前述の⑤「販売促進」活動の(d)「PR」も思い出してくださいね)

第9節 「危機管理」

「リスクマネジメント」と「クライシスマネジメント」

⑧「危機管理」という言葉は日常的に使われておりますが、「危機」および「危機管理」の内容や概念は多岐にわたり、経営学でも専門的にはなかなかに複雑な議論で厄介です。本書では肩肘張らずに、レストラン店舗運営の陣頭指揮をとる「店長」の役務としてのごく一般的な「危機管理」を説明してみたいと思います。

「危機管理」は、おおまかに二手に分けてとらえておいた方がよいと思います。1つは、（a）通常の店舗運営業務に蓋然性高く発生するリスクへの対応問題です。企業では通例「リスクマネジメント」と呼ばれることが多いので、なんとなくわかったような気になります。（b）もう1つは、「クライシスマネジメント」とでも呼ばれますでしょうか、いわゆる「不測の事態」への対応についてです。

（b）「不測の事態」への対応については、3・11（2011年）東日本大震災以降、社会的関心も高く、また情報もふんだんに提供されております。本書ではこれらについてはあまり繰り返さないようにします。また、マスコミでも大きく報じられた一連の食材の異物混入事件も同様としたいと思います。

レストラン店舗でのリスク

本書ではときどきレストラン店舗の運営と他のリテイルビジネス（小売店舗の運営）との違いを指摘しておりますので、両者を比較しながら「危機管理」問題をとらえるとわかりやすいと思います。つまり「リスク」の発生の蓋然性がどのあたりにあるかということに相違があるからです。

両者の相違を大きく特徴づけるものは2点です。1点目は、レストラン店舗には「厨房部」があるということです。2点目は、消費者に提供する商品が、レストラン店舗では「料理」「サービス」「雰囲気」であり、リテイル店舗では「物品」だということです。

ここから発生が予測される「危機」がいくつか想定されますから、それらを未然に防止すること、発生してしまった場合にはその影響を最小限にとどめること、発生後の対応を適切に行うこと、ということが〝あらかじめ〟「店長」の役務に位置付けられておかなければならないということになります。

「厨房部」でのリスク

1点目から具体的に指摘していきますと、「厨房部」では、ガス、電気、水道、いわゆるエネルギーの集中投入が行われております。ここから熱事故・火災、漏電、水トラブル、排水問題が常に起こりうる環境にあります。

これらの未然防止についてでしたら「厨房部」「支援部」において所掌されているところですが、軽微なものでも何かしら起こった場合には「店長」に「ほう・れん・そう」（報告・連絡・相談）されることとなります。そうして生起した要因を突き止め、再発防止策を講ずること、その策が実施されたことの最終確認は「店長」が行わなければなりません。

また、怪我・傷、火傷、転倒、などスタッフの人的被災も同様のところでしょう（労災対象および対応となる場合もあります）。

スタッフ自身がリスク要因

次に2点目ですが、レストラン店舗が消費者に提供する商品が「料理」「サービス」「雰囲気」ということから起因するリスクがあります。

レストラン店舗で提供する商品は、消費者がその場で体験する消費行為そのものであり、楽しく心を満足させる体験時間こそが商品だともいえます。スタッフ一同は、顧客＝来店者に一丸となってこの商品を提供しているのですが、顧客とのボタンのかけ違いといいましょうか、不特定多数のさまざまな顧客層が来店されるというそのこと自体に潜在的なリスクが常にあります。

顧客とスタッフとのやりとりのなかで、思わぬこと、予期せぬことで、顧客の不満足をかこってしまうことがあります。顧客の不満が昂じますと、大きなクレームとなります。激高される顧客がいないとはいえません。また、同席客同士、あるいは臨席客同士でなにかしら感情の行き違いが生じて大事になるということもありえることです。この場合は、「客席部」スタッフの対応ないし介入が必要でしょうが、「店長」が率先して介入することでリスク回避を図るということにもなります。

顧客もリスク要因

以前に「店は客を選ぶ」と書いたことがあります。覚えておりますでしょうか。レストラン店舗では、類似の来店動機を有した顧客が集いますから、あらかじめ当店にふさわしくないと想定される顧客の入店を阻むということを決断することも「店長」の役務だと書きました。

「店長」は、顧客がリスク要因そのものであるということを認識しておかなければなりません。この点は、リテイル店舗とは大いに異なるところです。

そうはいっても、どのようなケースでどのように対応すべきかということは、ケースそのものが千差万別ですから、こうした顧客対応の考え方をなかなかスタッフ全員で共有することは難しいと思います。したがいまして、できうることならば、頻度高くスタッフ同士でロールプレイを実施しておくことが望まれます。いつどのように実施するかを含めて、やはり「店長」の采配が必要です。

ネット社会での人的リスク

スタッフも顧客もリスク要因とあえて規定せざるを得ない背景として、ネット社会化という現実もあります。リスクは、実世界だけではなくネットの世界で広がっています。

特に若年アルバイトを多用するチェーンレストランでは、これまでとは別の意味でアルバイトスタッフが大きなリスク要因となりました。ここしばらくの世間の話題をたどってみますと、食材庫のなかで横たわる姿を写真に撮ってネット上にさらしたり、食材をこれ見よがしに盛り付けその写真をネット上にさらして、店舗ブランドにダメージを与えたこともありました。

また、その顧客への賛否はともかくとして、客がメニューに掲載されている水を注文させられて、価格が高いとネットでクレームを書き込んだことや、車椅子の客が、手狭な階段を上らないと入口にたどりつけないとか、階上へ上がるサポートがないとか書き込んだりして、マスコミが大きく取り上げたこともありました。

大小挙げればキリがないと思いますが、ネットという新しいリスク問題への対応も求められるようになってきました。新時代です。

リスク要因の複雑化

また、最近の社会問題として「リスク」要因が多数顕在化してきているということについても認識を深めておく必要があるでしょう。

1つには、アレルギー症の蔓延化で食材や料理の扱いに、より厳格化が求められているということが挙げられます。大手チェーンはいち早く、メニュー表記にカロリー量や塩分量表示と並んで、いわゆる5大アレルゲン食材（卵、牛乳、大豆、小麦、米）の表示をスタンダードにしています。また、加工食品では、卵、牛乳、小麦、そば、落花生、えび、かに、に表示義務があります。したがいまして、厨房での調理工程でこれらの食材が混置されたり交叉したりしないことが必要で、「店長」の指揮で徹底を図ることが求められております。

分煙、禁煙対策も必須課題です。日本ではまだそこまでの訴訟社会となっておりませんので、業界全体で意識化が遅れているという状況ですが、たとえば、分煙として喫煙ルームを設けている場合には、喫煙エリアでの接客サービススタッフの受動喫煙問題があります。それから、そこの清掃をスタッフの誰が担当するのかということも、実は深刻な問題とならざるを得ないのです。

バリアフリー化対応もしばしばマスコミを賑わしていますが、障がい者が外食を楽しめる環境づくりもトップダウンでなければ進みません。

これらは、フードサービス業界の社会的な地位向上に直結するテーマだと思います。ゆえに「店長」たるものは社会の動向に無自覚であってはならないということ、常にアンテナを張っておくということも役務なのです。

「不測の事態」へ唯一の対処法

さて、「危機管理」のもう1つの領域、(b) いわゆる「不測の事態」への対応、「クライシスマネジメント」についても簡単に触れておきたいと思います。「不測の事態」にも2種類あると思われます。

1つは、レストラン店舗を運営するという事業そのものに内生される事態です。レストランは「料理」を提供しておりますので、「食中毒」発生の可能性が皆無だとは言い切れません。また、店舗を構えて現金を扱っているため、深夜に空き巣に入られるということもないとはいえません(例外的かもしれませんが、閉店後にピストル強盗に入られて死者を出した例も20余年ほど前にありました)。これらについては、万一の時のために、あらかじめ保健所への通報手順や警察への届け出、保険会社への連絡法などについて、スタッフのよく見えるところに「見える化」しておくことが望まれます。

さて、これらのいわば可能性がないとはいえない「不測の事態」には、このようにしてしかるべき筋への連絡方法についてある程度の備えはしておくべきでしょう。しかしながら、それ以上の「不測の事態」もありえます。

正直、ただちに大地震が起こるとか、隣家が大火事になるとか、大型車が猛スピードで店舗に飛び込んでくるとかは、通常営業中は想定しておりません。至極当然のことで、そうした異常事態でないからこそ、通常営業が行われているのです。「不測の事態」は、突然やってきます。さあ、どうしましょう。

今できることの対処法は1つしかありません。予行演習です。毎年9月1日になりますと、全国で一斉に防火訓練とか防災訓練とか、多くのというよりほとんどの学校や事業所・会社・役場などでほぼ全員参加の行事が行われています。9月1日は、1923(大正12)年(午前11時58分)関東大震災を記念する日ですが、祭日ではありませんので、通常の勤務時間内で防災訓練を行います。

わがレストラン店舗でも、店長以下スタッフと一緒に、年に複数回はそうした訓練を実施しておきたいものです。３・11（２０１１年）を体験した我々には、２つの訓練法が必要だという認識になっております。

１つは、被災者としての演習です。「厨房部」では一斉にエネルギー供給源をシャットダウンし、常備緊急グッズを持ち出し、指定の避難場所に集合し、安否確認を行うことになります。こうした演習をスタッフともに実施します。店舗休業日を利用しての実施でしたら、スタッフの一部は顧客の役割を演じます。

２つ目は、被災者支援の演習です。幸いなことに当店が被災を免れたならば、在庫されている食材は計画的に使用することを申し合わせ、生食材はすぐに調理して日持ちよくさせます。また、簡便料理の地域への提供の計画も立て、スタッフの役割分担を決めて実行体制を目論みます。あるいは店舗そのものを仮設の避難所として提供することになるかもしれません。災害の規模や地域によっては異なった対応になるでしょうから、２～３つのケースでパターン化しておくとよいでしょう。そうそう、いずれの場合でも、当日の売上金の管理は必須事項です。お忘れなく。

こうしてみますと、少し前のところで「店長」の役務として⑥「地域対応」について説明しておりますが、上記の演習は、地域社会の一員としての務めでもあるでしょうから、地域の会合などで話し合われたり、有力な情報がもたらされたり、あるいは適切な関係情報が得られたりしますから、地域と連携しながら実施体制をつくり、スタッフとも情報共有に努めていくということになります。

保険会社（損保）と警備保障会社

本テーマの最後に、保険会社（損保）についても触れておくべきところと考えます。ある意味で、上記「危機管理」問題は、いざという時の保険の対象ですから、保険会社ではさまざまなケースを想定しつつ、企業などの「危機管理」の実態研究を行っています。そのなかには、スタッフの従業中の事故問題対応（労災の場合もありますが）もあれば、天災時の対応問題もあります。なにしろ、さまざまなケースでどの程度の保険額を見積もりするかというのが本業なのですから。

どこの店舗でもいずれかの、もしくは複数の保険会社（損保）と契約して保険料を支払っているはずですから、当店の担当者に根掘り葉掘り聞いてみると、いろいろな情報をもたらしてくれたり、事例を調べて助言してくれます。同じことは、契約している警備保障会社にもいえます。空き巣に入られたとか、現金紛失なども対応ケースです。

「店長」論の背景

以上、「店長」論を展開してまいりました。「店長」の役務は、大括りしますと①「資産管理」、②「人事管理」、③「顧客管理」、④「経費コントロール」、⑤「販促計画と実施」、⑥「地域対応」、⑦「競合店研究と対応策」、⑧「危機管理」の8項目となります。本書では、これら8項目の内容を具体的に説明しました。筆者が管見するところですが、フードサービス業界では本書で叙述してきたような内容の「店長」論はなかったのではないかと思っています。読者諸賢は、おそらく「店長」職の幅広い役務に少々意外感をもたれたのではないかと思います。

しかしながら、いやしくも「店長」（ゼネラル・マネジャー）はたとえていえば一国一城の主であるわけですし、企業でいえばライン長を兼ねる管理職であるのですから、相応の見識と能力が求められてしかるべきです。わが国の外食産業の歴史を振り返ってみるに、チェーン店が急速に拡大した時期に「店長」職が乱造された時期があり、いわばそうした時期につくられた「店長」イメージがフードサービス業界で今に至るも引きずられているということがあるのではないかと思います。「店長」の社会的な地位は、そうしたイメージよりももっと高いところにあるはずです。現状は、そうした「店長」のキャリア形成システムに、フードサービス業界挙げて取り組むことになお不十分であると正直思うところです。

では、次は章を改めて、「店長」ないしこれまでの店舗運営論（店舗運営の構造）と経営問題との関係を論じてみることといたします。

第 7 章

「経営判断とさまざまな選択肢」

事業展開の3つの方向

これまで、レストラン店舗の運営の構造を説明してきました。これらは、実際の店舗がどのような組織編成により成り立っているのかということを示したものです。

それでは、実際にレストラン店舗を運営し続けていくと、その先にどのような事態が現われるのでしょうか。あるいはどのような事態を想定することになるのでしょうか。

単純化してそのありうべき方向を示すと、3つに分かれます。経済学用語を用いますと、レストラン店舗の将来は、①「単純再生産」（以前とほぼ同様に事業が継続される）、②「拡大再生産」（人気店となり事業の大胆な発展を目論む）、③「縮小再生産」（事業継続がままならず、方向転換を余儀なくされる）という3つの方向です。

レストラン店舗を日々維持していく（①「事業の継続発展」）こともそれなりに大変なことです。メニューや店舗造作やスタッフのサービスの仕方などの再検討や補修・調整などがいつも必要であることは、これまでも説明してきたところです。この方向については、ここでは再論しません。

以下では、②「事業の拡大」を求める場合と、③「事業継続の変更」を余儀なくされる場合について、その要諦を説明します。

事業展開の3つの方向

方　向	摘　要	（決定主体）
①「事業の継続発展」	コンセプトの補修・強化 リニューアル計画・実施	店長など
②「事業の拡大」	（a）「増床・増改築」 （b）「移転」 （c）「支店出店」 （d）「サブブランド店出店」 （e）「チェーン化」	経営判断
③「事業継続の変更」	（a）「事業の縮小」 （b）「業態転換」 （c）「事業の売却」 （d）「事業からの撤退」	経営判断

②「事業の拡大」を企図する

そのお店が「店長」以下スタッフの努力奮闘の甲斐あって大繁盛したとします。

もちろんお店のまわりにいかに行列ができようとも、顧客の予約が受け切れないほど殺到しようとも、そのままの営業スタイルを変えずに維持継続するのみという方向（①「事業の継続発展」）もありえます。

が、ここではそうした事態に対応して、②「事業の拡大」を企図することを想定してみましょう。

その場合には、具体的には、（a）「増床・増改築」、（b）「移転」、（c）「支店出店」、（d）「サブブランド店出店」、（e）「チェーン化」ということが選択肢として浮上します（「チェーン化」は、異質な経営ロジックにより検討されるべき事柄ですので、本書では捨象することとしております）。

（a）（b）客数増への対応

（a）「増床・増改築」、（b）「移転」は規模の拡大を意味します。具体的には、客席部を増やして収容客数のキャパシティを上げることを真っ先に目論むわけです。しかし、〝冷静〟に考えますとこうした拡大策には、実は大きな落とし穴が待ち受けております。

客席数が増えるということは、店舗収容可能客数の絶対数が増えるということですから、一度に接客しなくてはならない顧客数も、提供されるべき料理数も増えるということを意味します。

ということは、「厨房部」の編成も「客席部」の編成も再構成が必要となりましょう。もしかしたら厨房設備の増強、すなわち新規設備の導入やそのためのエネルギー周りの改造というかなり大がかりな工事が求められるかもしれません。あるいは、「客席部」スタッフの増員が必要かもしれません。さらには、客席配置構成が変わることで、店舗の「雰囲気」やお客様の居心地具合も変わります。

より大規模な敷地を求めての（b）「移転」ということになりますと、必然的に「立地」条件も変わらざるを得ないということになります。「移転」以前の店舗と同様の立地かどうか、あるいは、当該店舗コンセプトにふさわしい立地であるかどうかという検討が加わります。

他方で、これまで営業してきた店舗の（a）「増床・増改築」ということになりますと、その工事のため一定期間の店舗営業を休業することになります。通例その期間は、スタッフの研修に充てられる絶好の機会ですので、研修計画も同時に立案しておくべきところでしょう。もっとも完全休養という考え方もありえましょうが。いずれにしても、世にいわれる「充電期間」となります。

休業することへの顧客対応

また、その期間の顧客対応も課題の1つです。「増床・増改築」のため店舗営業が一定期間休業しておりますと、その間にこれまでの顧客のレストラン体験習慣が変調してしまうことがないわけではありません。したがいまして、顧客に対しては、店舗の工事に入る前から、再開時の告知と再開後のイメージあるいはリニューアル再開時のキャンペーンなどを仕込んでおくことも対策のうちと理解しておくべきでしょう。

最後に、これらを含めて（a）「増床・増改築」、（b）「移転」を実行するためには、それなりの資金手当てと営業再開後の売上計画見積もりが必要だということも確認しておかなければならないでしょう。
ゆえに本件は、それなりのリスクも伴う事案であり、店舗経営の将来を決する事項なのですから、店舗の運営責任者たる「店長」だけで判断される事柄ではなく、「経営」陣を交えての経営判断として実行されるべき事項となります。

(c)「支店」の出店

次に、事業の拡大策としてよく見受けられる事例としては、今現在営業中のお店はそのまま営業を続けながら、他の場所に新たに同名の（c）「支店」を出店するという手法があります。この場合、現に営業している店は「本店」という呼び名ないし格付けを得ることとなります。「支店」とは、ありていに言えば「本店」のコピー店です。「分身」と言ってもいいでしょう。

「支店」を出店する効用は、いうまでもなく「本店」だけでは受け止めきれない顧客需要の受け皿となることです。上記した（a）「増床・増改築」、（b）「移転」の場合には、店舗そのものは1店舗だけで規模が拡大されることですが、（c）「支店」の出店は、店舗数そのものを増やすことで事実上の規模拡大を実現することになります。この場合は、「本店」で実証済みの営業内容をそのままコピーして再現しますので、いわば成功体験の継承ともみなされます。

しかしながら、「支店」の出店にも事業リスクが伴います。フードサービスビジネスは、人の能力の総和で営業されております。「支店」を出店するということは、「本店」の人の総和を分散させることになります。「本店」の顧客の信頼と評判は、一朝一夕に得られたわけではなく、時間と経験の積み重ねのなかで育まれたものです。その蓄積されたパワーが、分散したり、一部で欠けたり、薄まったりすることが想定されます。悪くすると「本店」そのものの評判を落としかねないわけです。「支店」を出すか出さないか、なかなかに重大な経営上の判断だということになります。

もちろん、これらの検討の結果、思惑通り「本店」も「支店」も顧客の信頼をいや増しする結果となれば、さらに第2の「支店」を企てることも可能となるでしょうか。「本店」と合わせ、都合3店舗でのレストラン店舗運営が展望されることとなります。

(d)「サブブランド店」の出店

「本店」での料理製作やサービス能力が高次元であるので、そのままのコピー「支店」は難しいと判断される場合には、「本店」のコピーを企図しないで、その提供商品の一部だけを抜き出して「サブブランド店」として出店するという手法があります。

具体的にはメニューをある程度絞り込んだり、業態構造を軽減してレストラン店舗ではなくデザート分野を抜き出してカフェ店舗としたり、などいくつかのバリエーションが考えられます。しかしながら、この実例は大手外食チェーン店でしばしば見かけますが、一般的にはなかなか実現しにくい手法です。むしろ、「本店」の名声を聞きつけて、ショッピングセンターなどのデベロッパーサイドからもちかけられて試行されるものなのかもしれません。

閑話休題「暖簾分け」

話題として「暖簾分け」という手法があります。たとえば、お蕎麦屋さんですと、結構同じ店名のお店を各所で見かけますが、経営体としては別々なので「支店」ではありません。

これはあるお店に「丁稚奉公」していた従業員が、店主から一人前の腕前になったといって独立を勧められた時に、そのお店の「暖簾」いわば看板、ブランド、店名を与えられて、別の場所で独立するという手法です。

その際、元の店主は、独立する側の従業員にこれまでの「奉公」を讃えて「暖簾」（店のフロントにかざす）を与え、食器や鍋釜まで与えたり、資金援助まですることもあったとのことです。その見習いは、どうしてその店で「丁稚奉公」することになったのかというと、生まれ故郷が同じで、同郷のよしみで頼ったということが多いようです。ですから、そのお店の「暖簾」＝店名を見ると、その開業者の出身地方がわかる場合が多かったのです。19世紀末ごろから20世紀中盤にかけての今は昔のお話です。

(e)「チェーン化」

チェーンレストランは、最初から同一ブランド、同一メニュー、同一価格、同一サービスを掲げた多数店舗を擁して、ほぼ同一の仕様で運営しようというビジネスモデルです。チェーンレストランの組織形態の特徴は、直接消費者と接する「店舗部」（プロフィットセンターとも呼びます）と、その「店舗部」の負担を限りなく僅少化しようと努める「本部」という相互に別個の役割を担う2つの機能が分担し合っているというところにあります。本書では、このチェーンレストランを議論の埒外に置いてきています。チェーンレストランの理論には、また別の考察が必要だからです。

③「事業継続の変更」

さて、店舗運営の継続がおもわしくなく③「事業継続の変更」を余儀なくされることもあります。

通常のビジネスであれば（a）「事業の縮小」を考えるかもしれませんが、レストラン店舗の運営で「事業の縮小」といってもあまりピンときませんね。ありうる話としては、レストランビジネスでは営業時間が食事時間帯に特化するという特性がありますので、昼の時間帯と夕夜の時間帯とで営業していたものを、昼の営業時間帯を放棄して夕夜の時間帯に特化させるという方法が想定できます。実はこの手法はかなり現実的で、そのように店舗営業の時間帯を限定することで、お店自体のクオリティが向上して業績的にももち直したという話はまま聞くところです。

しかし、（b）「業態転換」か（c）「事業の売却」という手法をまず考えることが一般的でしょう。

（b）「業態転換」あるいは「業種・業態転換」は、これまでの店舗のコンセプトを廃棄し、新しいコンセプトに組み替えるということです。ですから、いわば当該立地に合わせて、新たに新規店舗を構築することと同様のこととなり、なかなかにしんどい業務です。もちろんうまくいくという保証はありません。

（c）「事業の売却」という手法は面白い手法です。レストラン店舗のスタッフはそのまま残り営業を続けながら、経営者が交代するということです。そうしますと、まったくニュートラルな視点から、店舗運営の実態を再観察するということになります。なかなかそれまでの〝しがらみ〟で、「店長」はじめ既存スタッフでは気付かなかったり、あるいは気付いていても放置されてきたことが、この機に顕わになったり、手立てを講じることとなったりして、見違えるように業績が立ち直るということがしばしばあります。たとえていえば、(c)「事業の売却」すなわち経営者の交代が、いわば強制的に有能なコンサルタントを雇用して、その人の指揮がふるわれたことと似たような役割を果たすということがあるということです。

「事業の売却」の他方の当事者である買い手、すなわち新しい経営者は、そのレストラン店舗の潜在力に目を付けたからこそ買い手として名乗りを上げたのでしょう。ならば、旧経営者では渋られていた追加の資金投下も、ある程度心積りがあるとすることは不自然な見方ではありません。

(d)「事業からの撤退」

最後に、レストラン店舗「事業からの撤退」についても触れておかなければなりません。隆盛を極めた店舗も、消費者の支持が得られなくなり、やむなく閉店に追い込まれるということもないわけではありません。というよりも、業界全体を見回しますと、ままある事態です。ステークホルダーズという言葉があります。事業関係者を指しますが、スタッフ、顧客、取引先(食材仕入れ先)、各種業者、金融機関、地域の方々、それぞれに対して責任をとったかたちで閉店という業務に取り組まなければなりません。また、撤退には、スタッフへの給料の先払い分も含め、店舗立地が借地であれば途中解約のコストとか、それなりの事業撤退用資金が必要です。資金的な確保ないし余力を保持しておいて「事業の撤退」のシナリオを描くということが求められます。

「倒産」について

最後に、「事業からの撤退」あるいは自主廃業と「倒産」は、似て非なるものです。

自主廃業は、事業整理をしても自己資産が上回るので、負債をすべてなくすことで完了します。

しかしながら、通例「倒産」は、資金繰りに行き詰まって、負債が支払えずに事業継続ができなくなることですから、経済事業は否応なく停止してしまいます。この場合は、事業体に負債が残りますので、負債を有する債権者間での調整問題が残り、裁判所が関与するところとなります。倒産処理は、弁護士に依頼することが一般的ですが、その場合には弁護士への支払いが必要となりますので、いわば無一文では倒産手続きもままならないということになります。平たく言いますと、「倒産」するにも相当のおカネ、いわば倒産資金が要るのです。資本主義ですねえ。なお、「倒産」の手続きにはいくつかの手法があるようですので、ここからは弁護士の先生とご相談ください。

ドラマチックなフードサービスビジネス

レストラン店舗の運営といっても、その継続の先にいくつものドラマが待ち受けております。本書では、言葉では簡単に「単純再生産」「拡大再生産」「縮小再生産」と3つに括らせていただきましたが、実態はもっと複雑で、こうした3つの方向が繰り返し繰り返し訪れるのかもしれませんし、セレブと思しき顧客がその店やスタッフを気に入って共同経営をもちかけたり、投資家の意向を受けて海外での「支店」の出店を積極的に誘導しようという人が突如お店に現れたりすることも、すぐ隣のお店でわりと頻繁に起こっている出来事です。

こうした新しいビジネスの動向まで勘案しますと、現実にはもっとダイナミックなかたちで店舗の将来が開かれていると言い添えなければならないかもしれません。

あとがき

筆者が本書を手掛けることとなった背景には2つの思いがあります。いずれも21世紀になって顕著になったことです。

1つは、「サービス」という考え方の多様化です。もう1つは、日本の社会における中間層のやせ細りの進行という事態です。

この間に新しい「サービス」に関するさまざまな議論が世に問われ、さまざまな事例が追加的に人口に膾炙していきました。顧客の予想を超える、ある意味、涙腺を刺激するようなサービスが紹介され続けています。

たとえば、亡くなった子供さんの命日に卓を囲んでいるご夫婦の様子をたまたま察したサービススタッフが、あたかも3人組客をもてなすように卓の上を演出して接客し、ご夫婦の感動を誘った話。普段お見えになっているお客様が、思い出の当店で相方にプロポーズしたいとのことで、店舗を挙げて協力し、無事成功させた話。また同じ脈絡で、ホテルの場合ですが、お部屋に重要なものをお忘れになったお客様のために、新幹線を使ってお客様の移動先までお届けして事なきを得た話。ある美容院で、来店手段とされた自転車が故障しているのにスタッフが気付き、その顧客が髪をセットしている間に自転車の修理を済ませておいた話などなどたくさんありますね。

たしかにこれらはお話としては感動的なものですが、しかし、やや斜に構えた見方をすれば、来店されるお客様がいつも子供の命日であるわけでもなく、プロポーズの機会もいつもあるはずはないわけなので、普段はどのようなサービスがよいのでしょうかという問いには答えておりません。スタッフが新幹線で忘れ物を届けた話も、このホテルのスタッフが随意執行可能予算を20万円もっているという裏打ち抜きで独り歩きしてしまうと困惑します。また、自転車屋さんからの修理費の請求を、誰がどのような責任で引き受けたのかというその後の話を抜きにしては、理解することはできませんね。

ただ、上記の例はいずれも、顧客の想像や予想を超えているという意味で、素晴らしいサービスないしホスピタリティの事例として広まっております。サプライズという表現も、次第に日常でも使われるようになりつつあります。顧客の想像や予想を超える接客というと、サプライズともハプニングとも言いましょう。筆者も、これらのサプライズやハプニングがダメだと言っているわけではもちろんありませんし、またこれらを実現するための組織的な継承手法についても、関心はもっております。しかしながら、これらの事例に刺激されてサプライズやハプニングの演出にスタッフが血道をあげる、ということが常態化するということでは本末転倒ともなりかねません。

他方で、書籍を離れて学会や研究会などでは、店舗スタッフの顧客対応の様子をビデオに撮って観察するという手法も動員しながら、地道な研究も行われているようです。筆者はそうしたところに立ちあったこともあるのですが、こうしたところでの甲論乙駁の議論には馴染めませんでした。そこではサービスの重心を決めるべき業態論が確認されないままで、あるべき「良いサービス」とは何かというある種の堂々巡りが繰り返されていたからです。本書を読まれた方でしたらもうおわかりになると思いますが、あるべき「サービス」は業態により、そして来店動機により、顧客の組み合わせにより、異なるからです。

ですから、このような「サービス」をめぐる話題や議論は、ある種の混迷状態にあると思うようになりました。本書は、こうした状態に1つの解決の方向を示そうという意図をもっております。

続いて、2つ目の中間層のやせ細り現象について、少しだけ意見を述べておきます。研究者としての文にはなりませんが、やや駆け足で抽象的に述べますことをお許しください。かつて20世紀の後半に、わが国がいささか豊かな社会を目指して手を届かせつつあったという時代がありました。そうした社会を下支えしたのは、広範に形成されつつあった自営業者という中間層です。農業農民、中小企業者、自営業者など、実態も呼称もいろいろありますが、こうした方々の経済力の拡充と地域社会への貢献が、豊かな社会を実体化する基盤であったと理解しております。かれらは一方では巨大な外食需要者層として、外食産業を育てていきます。また同時に、地域のフードサービス店舗の担い手として、外食供給者としても活躍します。

パパママストアと呼ばれるような店、あるいは自営業者、個店経営の店など表現法はいくつかありますが、これらレストラン店舗は、その店が立地する地域でのランドマークであり、思い出づくりの場でありました。20世紀の後半は、これら店々の増殖時代、21世紀は減少時代です。

これらの店は、多くが経営者と運営者が一致する店でありますので、オーナー＝店長でありますが、そのオーナーは地域社会の一員としてさまざまな地域活動にいそしんでおりました。

本書で論じた「店長」論は、この中間層としてのオーナー店長の姿が二重写しとなっていることに、筆者は本書を書き上げたあとに気づきました。思いを吐露すれば、店長は地域社会でリスペクトされるべき存在であるという理解です。

業界的な見方で言いますと、店長の力量が発揮されることが、斯界の地域社会での地位向上につながるところだと思われます。また、店舗の力量が示されることが地域社会の豊かさを実現していく道の1つでもあると思います。

以上の次第で、本書では、「客席部」ないし客席部スタッフの能力と、「店長」論とにかなり大きな特徴があるのではないかと自己診断しています。読者諸賢の批評を待ちたいと思います。

本書のもとになった原稿は、「一般社団法人　日本厨房工業会」会報誌『厨房』に2015年7月号から2016年7月号まで13回にわたって連載した「これからのフードサービスマネジメント」です。同誌連載のものから、コラム欄の多くは削除し、一部を本文に組み込みました。本文もかなり書き直しましたが、基本的な論点はそのままです。また、同誌への連載原稿のもとになったのは、筆者の本務校（亜細亜大学）での「フードサービスマネジメント論」の講義です。

本書での論述内容は、筆者がこれまでにフードサービス業界ならびに関係業界から学ばせていただいたところに尽きますが、『厨房』連載の機会を与えてくださった関係各位と、茂木の科目を受講し、その都度質問し課題レポートに取り組んだ受講学生にも格別の感謝の意を表したいと思います。また、本書出版にあたっては、事情厳しき折柄、創成社 西田徹氏にお世話になりました。ありがとうございます。

2017年1月

茂木信太郎

マ

ヤ

ラ

索　引

《著者紹介》

茂木信太郎（もぎ・しんたろう）

亜細亜大学 経営学部 ホスピタリティ・マネジメント学科 教授，博士（観光学）。

（社）食品需給研究センター研究員，（財）外食産業総合調査研究センター主任研究員，フードシステム総合研究所調査部長を経て，信州大学経済学部教授，同経営大学院教授，同イノベーション研究・支援センター研究主幹。2009年4月より現職。
法政大学大学院政策創造研究科講師，なら食と農の魅力創造国際大学校講師，川村学園女子大学目白観光文化研究所研究主幹。

主要著書

『現代フードサービス論』（共著）（2013年，創成社），『大学生のための「社会常識講座」』（共著）（2011年，ミネルヴァ書房），『改定　食品の消費と流通』（共編著）（2008年，建帛社（2011年改訂版）），『食の企業伝説』（2007年，一草舎），『吉野家』（2006年，生活情報センター），『給食経営管理論』（共著）（2006年，建帛社（2011年改訂版）），『中小企業マーケティング読本』（共著）（2006年，農林統計協会），『外食産業の時代』（2005年，農林統計協会），『フードデザイン21』（共編著）（2002年，サイエンスフォーラム），『フードサービス10の戦略』（編著）（1999年，商業界），『キーワードで読み解く 現代の食』（1998年，農林統計協会），『現代の外食産業』（1997年，日本経済新聞社），『外食産業テキストブック』（1996年，日経BP），『最前線 輸入米ビジネス』（編著）（1994年，日本経済新聞社），『都市と食欲のものがたり』（1992年，第一書林）他多数。

2017年4月25日　初版発行　　　略称—フード

フードサービスの教科書

著　者　茂木信太郎
発行者　塚田尚寛

発行所　東京都文京区春日2-13-1　株式会社 創成社

電　話　03（3868）3867　　FAX　03（5802）6802
出版部　03（3868）3857　　FAX　03（5802）6801
http://www.books-sosei.com　振　替　00150-9-191261

定価はカバーに表示してあります。

ISBN978-4-7944-2504-1 C3034
Printed in Japan

組版：亜細亜印刷　印刷：S・Dプリント
製本：宮製本所
落丁・乱丁本はお取り替えいたします。